中国制度优势十八讲

任初轩 ◎ 编

人民日报出版社
北京

图书在版编目（CIP）数据

中国制度优势十八讲 / 任初轩编 . — 北京：人民日报出版社，2022.9
ISBN 978-7-5115-7456-5

Ⅰ.①中… Ⅱ.①任… Ⅲ.①中国特色社会主义－社会主义制度－学习参考资料 Ⅳ.① D621

中国版本图书馆 CIP 数据核字（2022）第 159829 号

书　　名：	中国制度优势十八讲
	ZHONGGUO ZHIDU YOUSHI SHIBAJIANG
编　　者：	任初轩
出 版 人：	刘华新
策 划 人：	欧阳辉
责任编辑：	寇　诏
装帧设计：	元泰书装
出版发行：	人民日报出版社
社　　址：	北京金台西路 2 号
邮政编码：	100733
发行热线：	（010）65369509　65369527　65369846　65369512
邮购热线：	（010）65369530　65363527
编辑热线：	（010）65363105
网　　址：	www.peopledailypress.com
经　　销：	新华书店
印　　刷：	大厂回族自治县彩虹印刷有限公司
法律顾问：	北京科宇律师事务所　（010）83622312
开　　本：	710mm×1000mm　1/16
字　　数：	206 千字
印　　张：	17.75
版次印次：	2022 年 9 月第 1 版　2022 年 9 月第 1 次印刷
书　　号：	ISBN 978-7-5115-7456-5
定　　价：	48.00 元

代　序

把制度优势更好地转化为治理效能

中国特色社会主义制度是具有显著优越性和强大生命力的制度。把中国特色社会主义制度和国家治理体系的显著优势更加充分地发挥出来，是新时代坚持和完善中国特色社会主义制度、推进国家治理体系和治理能力现代化的努力方向。

中国共产党的领导是中国特色社会主义最本质的特征和最大的制度优势，也是坚持和完善中国特色社会主义制度、推进国家治理体系和治理能力现代化最根本的政治保证。新的征程上，我们必须以习近平新时代中国特色社会主义思想为指导，在以习近平同志为核心的党中央领导下，把我国制度优势更好地转化为国家治理效能，为实现第二个百年奋斗目标、实现中华民族伟大复兴的中国梦提供有力保证。

毫不动摇坚持和巩固中国特色社会主义制度。中国特色社会主义制度是一个严密完整的科学制度体系，起四梁八柱作用的是根本制度、基本制度、重要制度，其中具有统领地位的是党的领导制度。我们推进各方面制度建设、推动各项事业发展、加强和改进各方面工作，都必须坚持党的领导，自觉贯彻党总揽全局、协调各方的根本要求。中国特色社会主义根本制度、基本制度、重要制度，是对党和国家各方面事业作出的制度安排。我们无论是编制发展规划、推进法治建设、制定政策措施，还是部署各项工作，都要遵照这些制度，不能有任何偏差。涉及方向性问题，必须以这些制度为准绳。涉及制度层面的大是大非问题，必须旗帜鲜明、立场坚定，不能有丝毫含糊。

与时俱进完善和发展中国特色社会主义制度和国家治理体系。我们提出的国家制度和国家治理体系建设的目标必须随着实践发展而与时俱进，既不能过于理想化、急于求成，也不能盲目自满、故步自封。党的十九届四中全会提出的目标和任务，很多都是我国国家制度和国家治理体系建设中的空白点和薄弱点，具有鲜明的问题导向。我们亟须着力固根基、扬优势、补短板、强弱项，紧密结合各项改革任务，形成一体推动、一体落实的有效工作机制。

严格遵守和执行制度。制度的生命力在于执行。各级党组织和领导干部必须切实强化制度意识，带头维护制度权威，做制度执行的表率，确保党和国家重大决策部署、重大工作安排都按照制度要求落到实处，充分发挥制度指引方向、规范行为、提高效率、维护稳定、防范化解风险的重要作用。要构建全覆盖的制度执行监督机制，把制度执行和监督贯穿区域治理、部门治理、行业治理、基层治理、单位治理的全过程,确保制度时时生威、处处有效。要加强制度理论研究和宣传教育,引导广大干部群众充分认识中国特色社会主义制度的本质特征和优越性,坚定制度自信,把我国制度优势切实转化为国家治理效能。

《人民日报》(2019年11月6日)

目 录

1. 坚持和完善中国特色社会主义制度
   ....李慎明 / 004

2. 完善和发展中国特色社会主义制度
   ....邓纯东 / 017

3. 坚持发挥人民政协在发展协商民主中的重要作用
   ....包心鉴 / 033

4. 中国特色社会主义制度具有强大韧性
   ....李君如 / 047

5. 协商民主是符合中国国情的民主实现形式
   ....林尚立 / 059

6. 为人类对更好社会制度的探索提供中国方案
   ....姜　辉 / 075

7. 我们对自己的制度充满自信
   ....张维为 / 088

8. 法治中国建设的历史性跨越
   ....姜明安 / 103

9. 中国制度守正创新之道
　　……………………………………………… 孙来斌 / 119

10. 建立不忘初心、牢记使命的制度
　　……………………………………………… 欧阳淞 / 133

11. 深刻认识党的领导制度在国家制度中的统领地位
　　……………………………………………… 甄占民 / 149

12. 中国特色社会主义制度好在哪里
　　……………………………………………… 何毅亭 / 163

13. 不断开辟"中国之治"新境界
　　……………………………………………… 陈曙光 / 182

14. 我国国家制度和国家治理体系的深厚历史底蕴
　　……………………………………………… 李国强 / 197

15. 深刻把握显著优势的根源
　　……………………………………………… 陈金龙 / 214

16. 推动各方面制度更加成熟更加定型
　　……………………………………………… 李忠杰 / 228

17. 制度优势是党和国家的最大优势
　　……………………………………………… 曲青山 / 241

18. 抗疫斗争彰显中国制度优势
　　……………………………………………… 房　宁 / 261

> 制度自信

健全的人民当家作主制度体系

健全的人民当家作主制度体系，对于坚持和发展中国特色社会主义具有重大意义，需要全面准确把握这一制度体系的科学内涵和具体要求。

人民当家作主是社会主义民主政治的本质特征。我国是工人阶级领导的、以工农联盟为基础的人民民主专政的社会主义国家，国家一切权力属于人民。宪法规定："中华人民共和国是工人阶级领导的、以工农联盟为基础的人民民主专政的社会主义国家。社会主义制度是中华人民共和国的根本制度。"我国是社会主义国家，人民民主专政是我国的国体，确立了人民当家作主的地位。人民代表大会制度是我国的根本政治制度，中国共产党领导的多党合作和政治协商制度、民族区域自治制度以及基层群众自治制度是我国的基本政治制度。根本政治制度、基本政治制度与政治体制机制为实现人民当家作主提供了制度保障。

党的领导贯穿于健全人民当家作主制度体系始终。党政军民学，东西南北中，党是领导一切的。中国共产党领导是中国特色社会主义最本质的特征，是中国特色社会主义制度的最大优势。历史和现实均证明，要真正实现人民当家作主，必须坚持中国共产党的领导。与世界上其他政党不同，中国共产党是用马克思主义武装起来的政党，对其自身的历史使命有着清醒和坚定的认识，能够始终代表最广大人民的根本利益。中国共产党是中国特色社会主义事业的坚强领导核心，处在总揽全局、协调各方的地位。中国共产党通过民主集中制这一组织原则，通过人民代表大会、社会主义协商民主、民族区域自治等组织和制度形式，把全国各族人民团结起来，共同为实现中华民族伟大复兴的中国梦而奋斗。

坚持以人民为中心是健全人民当家作主制度体系的宗旨和灵魂。代表最广大人民的根本利益，实现和保证人民当家作主，是社会主义民主政治的本质要求。人民当家作主的社会主义制度，是人民群众在党的领导下经过长期实践逐步建立和完善起来的。我国社会主义民主，是维护人民根本利益的最广泛、最真实、最管用的民主。健全人民当家作主的制度体系，要始终坚持人民群众是推动历史前进根本动力的唯物史观，始终坚持以人民为中心,始终相信群众、依靠群众、为了群众,最大限度地调动人民群众的积极性、主动性、创造性,使人民依法管理国家和社会事务、管理经济和文化事业,并不断推动我国社会主义政治制度自我完善和发展。

坚持和完善中国特色社会主义制度

李慎明

党的十八大报告强调:"中国特色社会主义道路,中国特色社会主义理论体系,中国特色社会主义制度,是党和人民九十多年奋斗、创造、积累的根本成就,必须倍加珍惜、始终坚持、不断发展。"在新形势下,坚持和完善中国特色社会主义制度,充分发挥中国特色社会主义制度的根本保障作用,是坚持和发展中国特色社会主义的必然要求。

制度要为坚持和发展中国特色社会主义服务

中国特色社会主义制度是当代中国发展进步的根本制度保障,集中体现了中国特色社会主义的特点和优势。坚持和完善中国特色社会主义制度,目的就是为坚持和发展中国特色社会主义服务。

制度属于上层建筑的范畴,是为经济基础服务的。我们坚持和完善中国特色社会主义制度,目的就是为坚持和发展中国特色社会主义服务。因此,在坚持和完善中国特色社会主义制度时,首先必须弄清什么是社会主义。邓小平同志明确指出:"社会主义的本质,是解放生产力,发展生产力,消灭剥削,消除两极分化,最终达到共同富裕。"这一重要论述,是马克思主义基本原理同中国具体实际相结合的产物,内在地包含了贫穷、平均主义和两极分化都不是社会主义,逐步实现共同富裕才是社会主义的思想。因此,我们要坚持和完善中国特色社会主义制度,就必须为解放和发展生产力、消灭剥削、消除两极分化、最终达到共同富裕服务。我们所有制度包括所有法律法规、政策措施的设计与出台,都必须服从和服务于这一大前提。否则,我们的制度就会与中国特色社会主义性质不相容。

坚持和完善中国特色社会主义制度,还必须进一步弄清中国特色社会主义、中国特色社会主义道路、中国特色社会主义理论体系和中国特色社会主义制度这四个概念的内涵及相互关系。"主义""道路""理论体系""制度",四者是紧密联系、相互依存、不可分割的统一体。一方面,"主义"是管总的,它规定了"道路""理论体系""制度"的性质和方向,并通过它们来体现,来发挥引领与规范作用。"主义"不是"道路""理论体系""制度"的简单集合,更不是单纯的符号和标识。"主义"蕴含着党的性质、宗旨、纲领、理论、路线,是全党的共同信仰、共同理想、共同目标的集中表达。中国特色社会主义是党和国家的灵魂,昭示党和国家的性质,指引社会发展的方向,凝聚全党和全国各族人民的智慧和力量。另一方面,

"道路""理论体系"和"制度"是"主义"的具体支撑和实践载体，离开这三者，"主义"就会变成空洞的口号。党的十八大报告指出，中国特色社会主义道路是实现途径，中国特色社会主义理论体系是行动指南，中国特色社会主义制度是根本保障，三者统一于中国特色社会主义伟大实践。只有从这样的层面来理解，才能使中国特色社会主义制度更好地为坚持和发展中国特色社会主义服务。

坚持和完善制度体现在各个领域

中国特色社会主义制度是在经济、政治、文化、社会等各个领域形成的一整套相互衔接、相互联系的制度体系。坚持和完善中国特色社会主义制度，要从各个领域着力，构建系统完备、科学规范、运行有效的制度体系。

中国特色社会主义制度首先体现在我国社会主义初级阶段的基本经济制度和分配制度上。经济制度是一定社会中占统治地位的生产关系的总和，是区别不同社会形态的基本依据。生产资料所有制是经济制度的基础，并决定经济制度的性质、社会生产的目的和任务、社会产品的分配形式等。任何社会的经济制度，都处于各种制度的核心地位。因此，党的十八大报告在阐述中国特色社会主义制度时，强调公有制为主体、多种所有制经济共同发展的基本经济制度；在阐述全面深化改革开放的目标时，强调加快完善社会主义市场经济体制，完善公有制为主体、多种所有制经济共同发展的基本经济制度，完善按劳分配为主体、多种分配方式并存的分配制度，这具有十分重大的战略意义。

在中国特色社会主义政治制度方面，我国实行的是建立在我国社会主义制度这一根本制度基础之上并与之相适应的人民代表大会制度。这种人民政权的组织形式就是我们通常所说的政体或国家的根本政治制度。人民代表大会制度与资产阶级议会制度有着根本的不同，不仅两者所服务的国体不同、阶级基础不同，而且组织与活动的原则也根本不同。人民代表大会制度是全体人民依照法律规定，实行民主集中制原则，通过各种途径和形式，管理国家和社会事务，管理经济和文化事业的根本政治制度。中国共产党领导的多党合作和政治协商制度、民族区域自治制度以及基层群众自治制度，则是我们的基本政治制度。

在中国特色社会主义文化制度方面，我国坚持以马克思主义为指导，坚持以社会主义核心价值体系为引领，坚持为人民服务、为社会主义服务的方向，坚持百花齐放、百家争鸣的方针，坚持贴近实际、贴近生活、贴近群众的原则，强调把社会效益放在首位、社会效益和经济效益相统一，推动文化事业全面繁荣、文化产业快速发展，不断满足人民群众多样化的文化需求。

在中国特色社会主义社会制度方面，我国坚持公平正义，倡导和谐互助的社会理念，正视社会差异，扶助困难群体，激发社会活力，构建中国特色社会主义社会管理体系，完善党委领导、政府负责、社会协同、公众参与、法治保障的社会管理体制，让广大人民群众共享改革发展成果。

坚持和完善制度重在改革创新各项具体制度

中国特色社会主义实践在不断推进,中国特色社会主义制度也必须在深化改革、扩大开放中不断完善。坚持和完善中国特色社会主义制度,重在改革创新各项具体制度。

当前,我国经济社会发展出现一系列新情况、新问题,要求我们与时俱进,不断完善中国特色社会主义制度。党的十八大报告强调"既不走封闭僵化的老路、也不走改旗易帜的邪路",这十分重要。我们必须坚持改革开放不动摇。同时必须明确,我们所说的改革开放是社会主义制度的自我完善和发展,决不是改变中国特色社会主义制度本身。为了应对新情况、解决新问题,我们应在坚持社会主义根本制度的同时,积极稳妥地推进经济体制、政治体制、文化体制、社会体制等各项具体制度的改革和创新。只要正确处理坚持根本制度与坚持和完善具体制度的关系,在坚持中不断改革创新,我们就能始终保持党和国家的活力,调动广大人民群众和社会各方面的积极性、主动性、创造性,有效应对前进道路上的各种风险挑战,推动经济社会科学发展,逐步实现全体人民共同富裕,从而维护民族团结、社会稳定、国家统一。

《人民日报》(2012 年 11 月 27 日)

★ **拓展阅读**

坚持和完善人民代表大会制度

人民代表大会制度,是坚持党的领导、人民当家作主、依法治国有机统一的根本政治制度安排,是支撑我国国家治理体系和治理能力的根本政治制度。坚持和完善人民代表大会制度,对于坚持和完善人民当家作主制度体系,发展社会主义民主,充分发挥中国特色社会主义制度和国家治理体系优越性,意义重大而深远。

1949年中华人民共和国的成立,开辟了中国历史上从未有过的人民当家作主新纪元。1954年9月召开的第一届全国人民代表大会第一次会议,标志着人民代表大会制度在全国范围内建立起来。这次会议通过了新中国第一部宪法,明确规定:"中华人民共和国的一切权力属于人民。人民行使权力的机关是全国人民代表大会和地方各级人民代表大会。"这就以国家根本法的形式,确立了人民代表大会制度这一根本政治制度的宪制基础。1978年12月召开的党的十一届三中全会,实现了中华人民共和国成立以来我们党历史上具有深远意义的伟大转折，开启了我国改革开放和社会主义现代化建设历史新时期。人民代表大会制度在经历严重曲折之后重新焕发生机活力，进入了蓬勃发展的新阶段。党的十八大以来，以习近平同志为核心的党中央高度重视坚持和完善人民代表大会制度，全面加强对人大工作的领导，推动社会主义民主法治开创新局面、实现新发展，人民代表大会制度展现出更加旺盛的生机活力。

着眼于坚持和完善中国特色社会主义制度、推进国家治理体系和治理能力现代化，党的十九届四中全会通过的《中共中央关于坚持和完善中国特色社会主义制度、推进国家治理体系和治理能力现代化若干重大问题的决定》，提出了当前和今后一个时期坚持和完善人民代表大会制度的重点方向、主要任务、工作要求和重要举措。

支持和保证人民通过人民代表大会行使国家权力。各级人民代表大会及其常委会、各级国家机关都要以保证和发展人民当家作主为己任，坚持以人民为中心，切实增强代表人民行使管理国家权力的政治责任感，始终把实现好、维护好、发展好最广大人民根本利益作为人大一切工作的出发点和落脚点。各级国家机关及其工作人员，不论做何种工作，说到底都是为人民服务。这一基本定位，什么时候都不能含糊、不能淡化。要通过人民代表大会制度，从各层次、各领域扩大公民有序政治参与，依法保障公民的知情权、参与权、表达权、监督权，依法保证全体社会成员平等参与、平等发展的权利；依靠人民的支持，倾听人民的意见和建议，接受人民的监督，认真改正工作中的缺点和错误；畅通社情民意反映和表达渠道，积极回应社会关切，做到民有所呼、我有所应；善于统筹兼顾不同利益诉求，广泛凝聚社会共识，最大限度地调动积极因素、化解消极因素。

支持和保证人大及其常委会依法行使职权。一是依法行使立法权，完善以宪法为核心的中国特色社会主义法律体系，加强重要领域立法，加快我国法域外适用的法律体系建设，以良法保障善治；坚持科学立法、民主立法、依法立法，完善立法体制机制，立改废释并举，不断提高立法质量和效率。二是依法行使监督权，健全人大对"一府一委两院"监督制度；加强对法律实施的监督，保证行政权、监察权、审判权、检察权得到依法正确行使，保证公民、法人和其他组织合法权益得到切实保障，坚决排除对执法司法活动的干预；坚持有法必依、执法必严、违法必究，改进监督工作方式方法，增强监督工作针对性和实效性。三是依法行使决定权，根据宪法和有关组织法，贯彻落实党中央关于健全人大讨论决定重大事项制度、各级政府重大决策出台前向本级人大报告的部署要求，讨论决定全国和本行政区域内经济建设、政治建设、文化建设、社会建设、生态文明建设各方面的重大事项，更好发挥国家权力机关职能作用。四是依法行使任免权，坚持党管干部原则与人大依法行使选举权、任免权相统一，严格依照法定职权和法定程序选举和任免国家机关领导人员、组成人员和有关工作人员，保证党组织推荐的人选成为国家机关领导人员；国家工作人员就职时，应当依照法律规定公开进行宪法宣誓；加强对人大选举和任命人员的监督，增强选举和任命人员的责任意识和公仆意识。

密切人大代表同人民群众的联系。各级人大代表都由民主选举产生、对人民负责、受人民监督,各级国家机关都由人大产生、对人大负责、受人大监督,人大代表必须加强同人民群众的联系。这是人民代表大会制度实行民主集中制的基本要求,也是人民对自己选举和委派代表的基本要求。各级人大代表要通过调研、视察、走访、代表之家、代表活动室、代表接待日、网络平台等方式和渠道,了解社情民意,反映群众诉求,宣传国家法律法规和方针政策。各级人大常委会要完善代表联系制度,健全代表联络机制;支持和保证代表依法履职,充分发挥代表作用;健全代表述职制度,完善代表履职监督工作。各级国家机关及其工作人员要把加强同人大代表和人民群众的联系作为对人民负责、受人民监督、为人民服务的重要内容,通过各种形式和渠道听取人大代表和人民群众的意见建议,提高代表议案建议办理质量。

健全人大组织制度、选举制度和议事规则。党的十九大提出,完善国家机构组织法。经党中央批准的十三届全国人大常委会立法规划,已经将修改全国人民代表大会组织法、地方各级人民代表大会和地方各级人民政府组织法、全国人民代表大会议事规则、全国人民代表大会常务委员会议事规则等修法项目列入立法规划。要根据党中央的部署要求,总结实践经验,适应宪法修改、深化党和国家机构改革、全面依法治国等新形势新任务新要求,完善有关人大组织体系、工作机制、议事规则方面的法律制度,完善论证、评估、评议、听证制度。健全适合国家权力机关特点、更好体现民主集中制原则、充满活力的组织制度和运行机制,使各级人大及其常委会成为全面担负起宪法法律赋予的各项职责的工作机关,成为同人民群众保持密切联系的代表机关。针对基层行政区划撤乡并镇改设街道、基层人大代表数量逐届减少的实际情况，研究修改选举法，适当增加基层人大代表数量，增强代表性和参与度。

加强地方人大及其常委会建设。地方人大及其常委会，是我国地方国家权力机关，也是我国国家政权和国家治理的重要基础。加强地方人大及其常委会建设，对于坚持人民主体地位，充分发挥地方国家权力机关作用，健全基层国家政权体制，夯实推进国家治理体系和治理能力现代化的基础，具有重要意义。2019年7月，习近平总书记在地方人大设立常委会40周年之际对地方人大及其常委会工作作出重要指示，指出县级以上地方人大设立常委会，是发展和完善人民代表大会制度的一个重要举措；强调地方人大及其常委会要按照党中央关于人大工作的要求，围绕地方党委贯彻落实党中央大政方针的决策部署，结合地方实际，创造性地做好立法、监督等工作，更好助力经济社会发展和改革攻坚任务。我们要深入学习、全面贯彻习近平总书记重要指示精神，把加强地方人大及其常委会建设作为新形势下坚持和完善人民代表大会制度的重要任务抓紧、抓实、抓好，推动地方人大工作迈出新步伐、取得新成效。

> 制度自信

制度体系具有强大生命力

制度体系是否具有强大生命力的判断标准之一，在于制度体系是否具有自我完善能力，能否与时俱进、不断发展。正如习近平总书记指出的，没有坚定的制度自信就不可能有全面深化改革的勇气，同样，离开不断改革，制度自信也不可能彻底、不可能久远。在全面深化改革的过程中，通过内生性演化不断完善和发展制度、推进国家治理体系和治理能力现代化，既是今天制度自信的充分体现，也是明天制度自信的可靠保证。

制度自信的前提在于制度体系的社会认同度。中华人民共和国成立后尤其是改革开放以来，中国的制度建设卓有成效，国家的制度体系具有较强的包容性和整合力，得到社会的广泛认同，总体上适应了中国国情和发展要求。但不可否认，还有一些具体制度不完善、不健全，一定程度上降低了人们对制度的认可。只有获得人们广泛信赖和尊重的制度才具备强大整合力，将制度优势转化为国家治理的实际效能，进而坚定人们的制度自信。随着时代发展，社会利益群体逐渐多元化，利益诉求也出现分化。这就要求通过制度建设，进一步提升制度体系的整合力和认同度。

制度自信的基础在于制度体系的科学性。系统完备、科学规范、运行有效的制度体系，是激发、维系和强化制度自信的基础和保障。改革开放以来中国发展所取得的辉煌成就，展示了中国制度的生机活力和巨大优势。以根本制度和基本制度为核心建构的制度体系，应从整体性、系统性、协调性等要求出发，通过不同制度之间的紧密衔接、相互配合，发挥制度体系规范行为、整合利益和协调关系的作用，确保制度体系的组成部分和构成要素围绕既定目标协调运行。在这里，有两点需要注意：一是遵循权责一致的原则构建科学合理的权责关系，明确公共权力行使的范围、规则及责任。二是有效化解国家治理现代化过程中面临的问题和矛盾，提高治理主体的多元化程度和治理主体之间的协同性。

制度自信的关键在于制度体系的执行力。执行力是制度体系的生命之所在。中国制度具有整合社会资源、集中力量办大事等优势，但一些具体制度执行力不强也成为影响中国制度优势发挥的因素。为此，必须在加快法治中国建设、提升制度执行力等方面下更大气力、真正见成效。法治化既是检验制度成熟程度的重要尺度，也是提升制度执行力的基本方式。没有可靠的法治作为支撑，制度就会缺失权威性和执行力，制度自信也就无从谈起。应以法治思维和法治方式推进制度建设，确保改革在法治框架内进行，并把制度建设的成果及时用法律形式固定下来。

制度自信的路径在于制度体系的内生性演化。中国的制度体系是长期发展、渐进改革的内生性演化结果，是有主张、有定力的自我完善和发展的结果。改革开放的实践已经证明，内生性演化是提升制度运转有效性的重要途径，也是坚定制度自信的基本路径。当下中国的根本制度和基本制度以及相应的体制机制已经具备较强的中国特色、民族特性和时代特征，这是内生性演化之基，完善和发展制度决不能"推倒重来"或"另起炉灶"，而是在既有基础上的自我完善与发展。而推进全面深化改革、加快创新发展，则是内生性演化的内在要求。任何安于现状或止步不前的做法都会使经济社会遭受损失，制度自信也难以彻底、久远。

完善和发展中国特色社会主义制度

邓纯东

党的十八届三中全会强调,全面深化改革的总目标是完善和发展中国特色社会主义制度,推进国家治理体系和治理能力现代化。中国特色社会主义制度是中华人民共和国成立以来特别是改革开放以来我们党和国家在实践中逐步形成的,集中体现了社会主义的特点和优势。全面深化改革,努力开拓中国特色社会主义更加广阔的前景,必须始终坚持并不断完善和发展中国特色社会主义制度,不断推进国家治理体系和治理能力现代化。

努力使中国特色社会主义各项制度更加成熟更加定型

党的十八届三中全会通过的《中共中央关于全面深化改革若干

重大问题的决定》(以下简称《决定》),从中国特色社会主义经济建设、政治建设、文化建设、社会建设、生态文明建设和党的建设等方面,具体部署了全面深化改革的主要任务,对各个领域体制改革和各项具体制度的完善提出了明确要求。

在完善社会主义市场经济制度方面,强调坚持公有制为主体、多种所有制经济共同发展的基本经济制度,在市场在资源配置中起决定性作用的基础上,加快完善现代市场体系、宏观调控体系、金融市场体系、开放型经济体系,实行统一的市场准入制度,健全社会主义市场经济体制;完善产权保护制度,明确公有制经济财产权不可侵犯、非公有制经济财产权同样不可侵犯;推动国有企业完善现代企业制度,完善国有资产管理体制,改革国有资本授权经营体制,完善国有资本经营预算制度;健全城乡发展一体化体制机制,构建新型农业经营体系;加快转变经济发展方式,建设国家创新体系;等等。

在完善社会主义民主政治制度方面,提出改进财政预算管理制度;积极稳妥实施大部门制,建立各类事业单位统一登记管理制度;构建程序合理、环节完整的协商民主体系,加强中国特色新型智库建设,建立健全决策咨询制度;完善中国特色社会主义法律体系,普遍建立法律顾问制度;建立科学的法治建设指标体系和考核标准;探索建立与行政区划适当分离的司法管辖制度,改革审判委员会制度;完善人权司法保障制度,废止劳动教养制度,健全社区矫正制度,健全国家司法救助制度,完善法律援助制度;强化权力运行制约和监督体系,推动党的纪律检查工作双重领导体制;完善选人用人专项检查和责任追究制度，探索实行官邸制；等等。

在完善社会主义先进文化制度方面，强调完善文化管理体制，健全坚持正确舆论导向的体制机制，健全网络突发事件处置机制；建立健全现代文化市场体系，完善文化市场准入和退出机制；构建现代公共文化服务体系，建立公共文化服务体系建设协调机制，健全文化产品评价体系，改革评奖制度，加强国际传播能力和对外话语体系建设；等等。

在完善社会主义和谐社会制度方面，强调创新高校人才培养机制，加快建设现代职业教育体系；健全政府促进就业责任制度，完善就业失业监测统计制度；健全工资决定和正常增长机制，完善最低工资和工资支付保障制度，完善企业工资集体协商制度；健全社会保障财政投入制度，完善社会保障预算制度；创新有效预防和化解社会矛盾体制，健全重大决策社会稳定风险评估机制；改革行政复议体制，改革信访工作制度；健全公共安全体系，创新立体化社会治安防控体系，设立国家安全委员会；等等。

在完善社会主义生态文明制度方面，提出建立系统完整的生态文明制度体系，实行最严格的源头保护制度、损害赔偿制度、责任追究制度，完善环境治理和生态修复制度；健全自然资源资产产权制度和用途管制制度，健全国家自然资源资产管理体制；实行资源有偿使用制度和生态补偿制度，改革生态环境保护管理体制；等等。

在党的建设方面，强调完善科学民主决策机制，完善干部教育培训和实践锻炼制度；改革和完善干部考核评价制度，改进优秀年轻干部培养选拔机制；完善和落实领导干部问责制，完善从严管理干部队伍制度体系；推行公务员职务与职级并行、职级与待遇挂钩制度，完善基层公务员录用制度；完善人才评价机制，建立社会参与机制，充分发挥人民群众积极性、主动性、创造性；成立全面深化改革领导小组；等等。

以制度建设推进国家治理体系和治理能力现代化

完善和发展中国特色社会主义制度，同推进国家治理体系和治理能力现代化是相辅相成的。完善和发展中国特色社会主义制度既是建设中国特色社会主义的根本保障，也是推进国家治理体系和治理能力现代化的重要前提。

国家治理体系和治理能力现代化作为一个新的提法写进党的中央全会《决定》，并成为全面深化改革的目标归宿，是党的十八届三中全会的一个亮点。事实上，我们党执政以来，先后提出了治国理政、民族区域自治等同治理相关的概念。党的十六大报告提出，党领导人民治理国家的理念。党的十七大报告提出，坚持党总揽全局、协调各方的领导核心作用，提高党科学执政、民主执政、依法执政水平，保证党领导人民有效治理国家。党的十八大报告则从"国家治理"层面提出，坚持依法治国这个党领导人民治理国家的基本方略，要更加注重改进党的领导方式和执政方式，保证党领导人民有效治理国家。党的十八届三中全会进一步强调了"治理"这一概念，提出有效的政府治理是发挥社会主义市场经济体制优势的内在要求，要加快形成科学有效的社会治理体制，改进社会治理方式，加强社会治安综合治理等。"国家治理"理念的提出,实现了治国理念由政府"管理"向国家、社会、个人协同"治理"的转变,运行方式由"自上而下"向"自上而下、自下而上及横向流动相结合"的转变,标志着我们党治国理政理念的进一步深化。

推进国家治理体系和治理能力现代化,需要系统完备、科学规范、运行有效的制度体系。国家治理体系是党领导人民对国家和社会事务进行有效治理的体系,包括经济、政治、文化、社会、生态和党建等各方面的体制机制和法律法规。实现国家治理体系现代化,需要三个重要支撑:一是制度,二是组织,三是能力。其中,制度和组织是国家治理体系的基本组成部分。只有以制度建设为基础、以组织优化为重点、以能力提升为导向,才能有效推进国家治理体系和治理能力现代化。

党的十八大报告明确提出:"中国特色社会主义制度,就是人民代表大会制度的根本政治制度,中国共产党领导的多党合作和政治协商制度、民族区域自治制度以及基层群众自治制度等基本政治制度,中国特色社会主义法律体系,公有制为主体、多种所有制经济共同发展的基本经济制度,以及建立在这些制度基础上的经济体制、政治体制、文化体制、社会体制等各项具体制度。"在党的十八大报告确立的根本制度和基本制度等的基础上,十八届三中全会着眼于现代国家治理体系的建构,进一步提出了完善和发展各项具体制度体系的任务,如加快建立和完善现代市场体系、宏观调控体系、权力运行制约和监督体系、文化管理体制、社会治理体制、生态文明制度、现代军事力量体系、干部队伍制度体系等。这些具体制度体系，构成了国家治理体系的重要组成部分。

不断增强完善和发展中国特色社会主义制度的自信和自觉

制度是发展进步的根本保障。在新的历史起点上，不断推进中国特色社会主义伟大事业，需要不断完善和发展中国特色社会主义制度，不断增强中国特色社会主义的制度自信，妥善处理好几个关系。

改革与发展的关系。改革开放是决定当代中国命运的关键一招，也是实现"两个一百年"奋斗目标、实现中华民族伟大复兴的关键一招。面对新形势新任务，必须通过全面深化改革，着力解决我国发展面临的一系列突出矛盾和问题，不断推进中国特色社会主义制度自我完善和发展。必须看到，改革开放不是要改掉社会主义的性质和根本制度，而是社会主义的自我完善和发展。无论改革深化到什么程度，中国特色社会主义道路必须牢牢坚持，中国特色社会主义理论体系必须牢牢坚持，中国特色社会主义制度必须牢牢坚持。

谋划和落实的关系。全面深化改革、完善和发展中国特色社会主义制度是关系党和国家事业发展全局的重大战略部署，不是某个领域、某个方面的单项改革。这就要求从大局出发考虑问题，必须看各项改革举措是否符合全局需要，是否有利于党和国家事业长远发展；加强顶层设计和整体谋划，加强各项改革的关联性、系统性、可行性研究；抓住重点，突出重要领域和关键环节，使中国特色社会主义制度的特点和优势得到更好发挥。同时要注意，高举改革开放的旗帜，光有立场和态度还不行，必须有实实在在的举措。党的十八届三中全会全面系统地规划了完善和发展中国特色社会主义制度的各项举措，并且规定了落实的时间，要求到2020年在重要领域和关键环节改革上取得决定性成果。

《人民日报》（2013年12月28日）

★ 拓展阅读

吸收文化精华推进国家治理体系现代化

国家治理体系和治理能力，是一个国家的制度和制度执行能力的集中体现。我国现代国家治理体系需要既符合现代国家制度的基本要求和普遍规律，又符合我国国情；既能有效统领我国社会主义经济建设、政治建设、文化建设、社会建设和生态文明建设，实现有效的政府治理、市场治理和社会治理，又有利于完善和发展中国特色社会主义制度，全面建成富强民主文明和谐美丽的社会主义现代化强国；既能有效应对国内问题和挑战，处理好改革发展稳定的关系，又能有效应对国际风险和挑战。加快构建这样的国家治理体系，亟须我们既吸收中华优秀传统文化，又吸收西方优秀文化。

文化是民族的血脉，是人民的精神家园，是推动国家发展和民族振兴的强大力量。习近平总书记强调："一个没有精神力量的民族难以自立自强，一项没有文化支撑的事业难以持续长久。"发展先进文化，是国家现代化的重要内容。实现文化发展与国家治理现代化有机结合，是当代世界各国实现国家有效治理的战略选择。

文化既是国家治理体系现代化的重要内容，也是推进国家治理体系现代化的重要媒介，还是决定国家治理体系现代化方向的重要因素。文化与国家治理体系相互联系、相互影响。一般来说，国家治理体系与文化是同质的、一致的，有什么样的文化，就可能构建什么样的国家治理体系；有什么样的国家治理体系，就可能形成什么样的文化。

文化作为精神、价值观念和意识形态，在国家治理体系现代化中发挥着重要的价值引导作用。任何国家治理体系的形成、巩固和发展，都需要相应的文化观念提供指导和保障。国家治理体系为谁服务，在很大程度上是由文化价值观念决定的。国家治理体系赞成什么、反对什么，规定什么可以做、什么不能做，确定是非标准、调解利益矛盾等，都是由文化价值观念引导的。因此，我们推进国家治理体系现代化，必须以马克思主义立场、观点、方法为指导，体现国家主流意识形态，吸收中外优秀文化精华。

中华民族具有5000多年连绵不断的文明历史，创造了博大精深的中华文化，为人类文明进步作出了不可磨灭的贡献。当前，我们推进国家治理体系现代化，必须注重吸收中华文化的精华。

一个国家的治理体系是否科学，不仅要看相关制度反映国家治理规律的程度，而且要看这个治理体系对于所治理对象的"适应"和"对症"程度。我国国家治理体系的作用对象，是生活在中华大地上的各族人民。独特的文化传统，独特的历史命运，独特的基本国情，注定我们必然要走适合自己特点的发展道路。同样，我们推进国家治理体系现代化也必须充分考虑、认真研究我国独特的文化传统、独特的历史命运、独特的基本国情。中华优秀传统文化深刻影响着中国人的思想观念、价值取向，成为维护国家统一、调节社会关系的重要准则。因此，我国的国家治理体系只有与中华优秀传统文化相适应，才能充分发挥治理国家的作用。

在推进国家治理体系现代化中吸收中华优秀传统文化，需要把握以下几点。一是对博大精深的中华文化用马克思主义立场、观点、方法加以甄别、分析，对于那些与封建制度紧密相连、在历史上起负面作用的文化必须坚决抛弃；对于那些体现中华文明特质、在中国几千年文明演进中起纽带作用的文化，对中华民族团结统一强大起血脉作用的文化，对今天在促进国家富强、民族振兴、人民幸福中仍有积极作用的文化，必须积极吸收并运用于推进国家治理体系现代化。二是做好民族文化与现代制度的协调互动工作，即使对历史上发挥过积极作用的古人的智慧和文明成果，也不可以简单照搬照套，而要将其与当代中国改革发展的新形势、新要求相结合。

推进国家治理体系现代化，必须在马克思主义指导下，正确对待西方文化。西方资本主义文化创造了现代资本主义文明。盲目崇拜和鼓吹西方资本主义文化，显然是错误的；盲目批判和贬斥西方资本主义文化，也是不可取的。西方发达国家的治理体系在对国家公共生活、社会生活秩序的治理方面，有些值得借鉴的先进理念和制度。在推进国家治理体系现代化进程中，必须区别对待、批判吸收西方资本主义文化。

近现代国家治理体系的内容具有两个基本属性：一是体现国家

管理共同规律的自然属性，二是体现国家性质的社会属性。自然属性反映对众人及众人之事进行治理的共同性规律要求，社会属性体现国家制度的政治属性。前者在不同性质的国家是可以互相借鉴的，后者与一定的生产关系紧密相连，具有强烈的阶级性和意识形态属性。

国家治理体系中不具有意识形态属性的管理理念和具体制度，是对国家和社会公共事务管理规律的反映和运用，不同文明、不同性质的国家在这些方面可以互相借鉴。例如，政策制定过程中的"听证制度"，公共服务中的"一站式服务"，责任政府建设中的"政府问责制度"等。这就像市场经济，资本主义可以用，社会主义也可以用。学习借鉴西方发达国家的先进治理理念和制度是我国构建现代国家治理体系所需要的，必须采取批判吸收的态度，坚持从我国实际出发，决不能相信所谓的"普世价值"，坚决反对"洋教条"。这是因为，所有社会制度都有其赖以产生和发展的具体历史文化社会条件，在学习借鉴时首先要分析这些条件与我国实际的异同，理解其先进性所体现的理念、蕴含的精神，然后从实际出发，创造性地吸收、借鉴和运用。这样的学习和借鉴才是创新，才是批判吸收，才能适合我国国情，才能在推进国家治理体系现代化中起到积极作用。

对于国家治理体系中具有明确的阶级性和意识形态属性、反映资本主义生产关系的根本制度、基本制度，必须坚决抵制。例如，西方的民主制度，我国的国家性质、独特传统、历史文化、民族特点决定我们绝不能照搬套用。近些年，西亚、北非一些国家套用西方的民主制度带来无休止的争斗和内乱，经济陷入困境，人民痛苦不堪。这些前车之鉴提醒我们，对于西方文明成果的借鉴，有一个立足于本国历史文化条件、现实国情的问题，有一个以马克思主义为指导进行鉴别、界定和批判吸收的问题。我们在推进国家治理体系现代化的实践中，绝不能简单照搬和套用西方制度，那样只会给国家和人民带来无休止的灾难与痛苦。

制度自信

彰显现代国家治理逻辑

中国特色社会主义进入新时代,以习近平同志为核心的党中央关于推进国家治理现代化的新理念新思想新战略,既坚持马克思主义经典作家关于国家治理的思想精髓,又创造性地继承中华优秀传统文化中的国家治理智慧,还批判地吸取西方国家治理的有益经验,从而有效整合了现代国家治理要素,彰显中国的现代国家治理逻辑。

把人民作为国家治理的根本依靠力量。人民真正成为国家的主人,拥有平等参与国家治理的权利,是社会主义国家治理的核心价值所在。西方资本主义国家标榜主权在民、权利本位,然而这种个人权利是附带许多条件的有限权利,广大民众难以完全拥有和真正行使,民主不过是垄断资产阶级的一种统治宣言和竞争手段。以习近平同志为核心的党中央坚持以人民为中心的发展思想，彰显当代中国国家治理的政治价值观；坚持以服务人民为宗旨，把增进人民福祉作为一切工作的根本出发点和落脚点；坚持以人民为主体，使人民广泛参与国家治理实践，把人民作为推进国家治理现代化的根本依靠力量。

构建优质制度框架。现代制度是现代国家治理的根本支撑。当代中国推进国家治理体系和治理能力现代化的实质，就是实现制度的现代化。治理国家，制度是起根本性、全局性、长远性作用的。在现代化进程中，制度既是对国家行为的规定与支撑，又是对个体行为的规范与制约。制度现代化既是推进国家治理体系现代化的核心组成部分，又是实现国家治理能力现代化的主要载体和重要保障。全面深化改革重大而深远的意义就在于坚持和完善中国特色社会主义制度，推进体制和制度现代化，从而为整个国家现代化建构起优质的制度框架，确保我国社会主义现代化大厦不仅外形优美，而且结构坚固。

把现代民主与现代法治有机结合起来。民主是法治的基础，实行以民主为基础的现代法治，是建设现代国家的关键环节，是推进国家治理现代化的根本保障。在深入总结历史经验的基础上，以习近平同志为核心的党中央提出"四个全面"战略布局，深刻认识全面深化改革与全面依法治国的关系，把现代民主与现代法治有机结合起来，把人民当家作主贯穿于科学立法、严格执法、公正司法、全民守法的各层面和全过程。

推进协商民主广泛多层制度化发展。现代民主理论与实践形成了两种参与国家治理的基本形式，即选举民主和协商民主。选举民主不是万能的，"票决"不可能彻底解决国家治理中大量直接涉及民众切身利益的问题。西方国家绝大多数公民的权利，只是在投票时才被唤醒，投票后就进入休眠状态，这样的民主显然是形式主义的。现代国家治理需要广泛的民主参与。人民群众需要通过各种制度化的协商渠道，广泛、持续地参与民主决策、民主管理、民主监督，对国家治理中的重大问题有直接表达意见的机会。在中国，协商民主的形式愈益为社会各界所广泛认同和积极参与，愈益成为中国特色社会主义民主政治的独特优势，成为中国共产党调动一切积极因素、凝聚各方力量共同治理国家的有效制度安排。

对权力进行切实有效的制约和监督。对权力进行制约和监督，是现代国家治理中十分重要的内容。以习近平同志为核心的党中央，逐步形成了内涵丰富、指向明确、重点突出的现代监督思想体系。把权力关进制度的笼子，让权力在阳光下运行，确保用权为民、清正廉洁，是现代监督的精髓；权力监督没有禁区、没有例外，信任不能代替监督，有权必有责、有责要担当，用权受监督、失责必追究，是现代监督的基本逻辑；正确处理党纪与法律的关系,纪严于法、纪在法前,用纪律和规矩管住全体党员尤其是党员领导干部,把党内监督、国家监察、群众监督有机融为一体,相互支持、相互协调,共同形成监督合力。

坚持发挥人民政协在发展协商民主中的重要作用

包心鉴

习近平总书记在庆祝中国人民政治协商会议成立 65 周年大会上的重要讲话，全面回顾了人民政协的光辉历程，深刻总结了 65 年来人民政协工作的宝贵经验，深刻阐述社会主义协商民主的重大战略思想，具有很强的理论性、实践性、指导性，是做好新形势下人民政协工作的根本遵循，也是发展社会主义民主政治的重要文献。习近平总书记强调，要进一步准确把握人民政协性质定位，坚持发挥人民政协在发展协商民主中的重要作用。深刻学习领会这一重要讲话精神，对于我们加深对社会主义民主政治的理解和认识，推动社会主义协商民主发展，更加广泛凝聚全民族智慧和力量，为实现"两个一百年"奋斗目标和中华民族伟大复兴中国梦而奋斗，具有十分重要的意义。

人民政协是社会主义协商民主的重要渠道

习近平总书记指出:"人民政协以宪法、政协章程和相关政策为依据,以中国共产党领导的多党合作和政治协商制度为保障,集协商、监督、参与、合作于一体,是社会主义协商民主的重要渠道。"这一重要论述,深刻揭示了协商民主与人民政协之间内在的、本质的联系。

人民政协是推动协商民主发展的重要力量。人民政协与协商民主的联系源远流长。1949年9月召开的中国人民政治协商会议第一届全体会议,主题就是协商建国。这次大会讨论通过的重要文献、重要决议,对新中国的建立和长治久安发挥了重要作用。此后几年,国家的大政方针、重要法案,经全国政协协商后,由中央人民政府委员会或政务院通过并公布实施,体现了鲜明的协商民主精神。改革开放以来,我们党在传承协商对话优良传统和党领导与推进政治协商成功经验基础上,借鉴现代协商民主理论,明确把协商民主作为社会主义民主的一种重要形式。党的十八大提出,在发展我国社会主义民主政治的进程中,要完善协商民主制度和工作机制,推进协商民主广泛多层制度化发展。党的十八届三中全会强调,在党的领导下,以经济社会发展重大问题和涉及群众切身利益的实际问题为内容,在全社会开展广泛协商,坚持协商于决策之前和决策实施之中。这些重要论述和部署,为社会主义协商民主发展指明了方向。

协商民主是人民政协工作的重要内核。作为一个专门协商机构,人民政协组织就是发展协商民主的重要载体,人民政协工作就是发展协商民主的工作。一是人民政协是中国共产党领导的多党合作和政治协商的重要机构。人民政协的重要职能是组织参加政协的各党派、各团体、各民族以及各界代表人士开展民主协商活动;人民政协在本质上是一个实行协商民主的组织机构。二是开展民主协商是人民政协工作的基本方式。民主协商、求同存异,是人民政协工作的基本原则;广泛征求意见、尽可能达成共识,是人民政协工作的基本目的。三是团结和民主是人民政协工作的两大主题。人民政协的一切工作都围绕这两大主题,体现民主精神;人民政协发展协商民主的过程,就是在充分民主的基础上寻求共识的过程,也是在充分民主的基础上加强团结的过程。四是人民政协为发展协商民主提供了重要的制度保障。通过人民政协组织的政治协商活动,可以把协商民主提升到国家政治制度层面。

紧紧围绕协商民主的本质要求履行人民政协基本职能

习近平总书记强调,人民政协要把协商民主贯穿履行职能全过程,推进政治协商、民主监督、参政议政制度建设,不断提高人民政协协商民主制度化、规范化、程序化水平,更好地协调关系、汇聚力量、建言献策、服务大局。这一重要论述,主题鲜明,指向明确,是在新的历史条件下更好地履行人民政协基本职能的根本指针。

紧紧围绕社会主义协商民主的本质要求履行人民政协的政治协商职能。人民政协的首要职能是政治协商。这一职能,与社会主义协商民主的本质要求是完全一致的。正是由于人民政协在长期实践中坚持不懈地履行政治协商职能，在中国共产党领导下就国家发展、国家治理以及经济社会变革的大政方针和重大问题广泛深入地开展政治协商，凝聚各党派、各民族、各社会团体和广大社会成员的共识，增进对党和国家的政治认同，增进对中国特色社会主义的政治认同，才使其地位不断巩固、作用不断提升。当前，我国正处在发展的关键期，全面建成小康社会进入决定性阶段，改革进入攻坚期和深水区，尤其需要人民政协充分履行政治协商职能，在增进共识、凝聚力量、弘扬正能量中发挥更有力更有效的作用。社会主义协商民主的实质是确保人民当家作主的真实权利，为广大人民群众参与公共政治和国家及社会治理提供广阔渠道和制度平台。应紧紧围绕这一本质要求，立足推进协商民主广泛多层制度化发展，更好地履行人民政协的政治协商职能。

紧紧围绕社会主义协商民主的本质要求履行人民政协的民主监督职能。马克思、恩格斯指出，一切公职人员都必须"在公众监督之下进行工作"，这样才能可靠地防止人们去追求升官发财和"追求自己的特殊利益"。党的十八大以来，中共中央将权力监督提到更加突出的位置，明确提出把权力关进制度的笼子里，坚持用制度管权管事管人，"形成不敢腐的惩戒机制、不能腐的防范机制、不易腐的保障机制"；明确强调"建立决策科学、执行坚决、监督有力的权力运行体系，使权力运行守边界、有约束、受监督"，让权力在阳光下运行。权力监督的主体是人民。人民在权力监督中的主体地位和作用，主要通过各种检查、监察、监督机构以及各类民意诉求传送渠道等来保障和实现。社会主义协商民主的一个重要政治功能是通过各党派、各民族、各社会团体和各类代表人士的民主协商加强监督，这也是推进协商民主广泛多层制度化发展的一个重要价值指向。

紧紧围绕社会主义协商民主的本质要求履行人民政协的参政议政职能。当代中国的协商民主，承担着凝聚和吸纳各种政治力量的智慧、共同治国理政的重要政治功能。习近平总书记指出，社会主义协商民主是中国社会主义民主政治的特有形式和独特优势，是中国共产党的群众路线在政治领域的重要体现；明确要求协商民主在完善人民有序政治参与、密切党同人民群众的血肉联系、促进决策科学化民主化中发挥重要作用。凝聚和吸引各党派、各民族、各团体和各界代表人士参政议政，是人民政协的一项重要职能，也是人民政协独特的、独有的、独到的优势，这与社会主义协商民主的本质要求有机契合。应以参与推进国家治理现代化和社会治理现代化为指向，努力开辟参政议政渠道，着力提升参政议政实效，有效履行人民政协的参政议政职能，充分发挥人民政协建言献策、治国理政的重要作用。

积极适应协商民主的发展趋势
推进人民政协制度创新

习近平总书记指出："人民政协要适应推进国家治理体系和治理能力现代化的要求，坚持改革创新精神，推进人民政协理论创新、制度创新、工作创新，丰富民主形式，畅通民主渠道，有效组织各党派、各团体、各民族、各阶层、各界人士共商国是，推动实现广泛有效的人民民主。"在全面深化人民政协改革创新中，积极适应协商民主的发展趋势推进制度创新，无疑是十分重要的内容。

积极适应社会主义协商民主的民主本质，推进人民政协制度创新。协商民主，本质在于民主，目的也在于民主。人民民主是社会主义的生命，是中国共产党人始终高扬的光辉旗帜，是人民政协一切工作的主线。习近平总书记强调："人民政协是人民民主的重要形式"；协商民主要做到"真协商"，就必须坚持以人民民主为基础和前提，"协商于民、协商为民"。没有民主就没有社会主义，就没有社会主义现代化；社会主义愈发展，民主也愈发展；全面建成小康社会、实现中华民族伟大复兴的中国梦，必须坚定不移走中国特色社会主义政治发展道路，发展社会主义民主政治，建设社会主义法治国家，使社会主义民主具有更加旺盛的生命力。这样一种宏伟目标和艰巨任务，要求人民政协必须紧紧围绕发展社会主义民主履行基本职能，深入推进协商民主。否则，抓不住根本与主题，仅仅抓住一些具体的甚至是枝节性的问题进行协商，就失去了人民政协作为社会主义协商民主"重要渠道"的作用与意义。

积极适应社会主义协商民主广泛多层制度化发展的战略任务，推进人民政协制度创新。习近平总书记指出："社会主义协商民主，应该是实实在在的、而不是做样子的，应该是全方位的、而不是局限在某个方面的，应该是全国上上下下都要做的、而不是局限在某一级的。因此，必须构建程序合理、环节完整的社会主义协商民主体系。"构建社会主义协商民主制度体系，推进人民政协协商民主制度创新,是一项长期而艰巨的政治任务。当前,亟须从以下几个环节予以突破和加强:一是以加强制度化为主要方向,切实将民主协商纳入各级党委、政府的决策程序,作为各级政协的一项基础性工作,建立健全规范化和常态性的政治协商制度。二是以发挥主动性为关键环节,切实发挥人民政协在党和国家重大事务协商中的主动性作用,主动出题目、作预案,主动围绕协商议题开展调查研究。三是以增强有效性为根本目的,把民主协商贯穿于决策之前和决策实施之中,根据各方面的意见和建议来决定和调整决策和工作,从制度上保障协商成果落地,使各项决策和工作更好地顺乎民意、合乎实际。

《人民日报》(2014年10月23日)

★ 拓展阅读

中国制度的本质、特色、优势

中国制度是当代中国一切发展进步的根本制度保障。了解中国制度的优越性，是坚定中国制度自信的前提。中国制度何以自信？从根本上说是因为这一制度具有特有的本质、鲜明的特色和巨大的优势，是科学社会主义在当代中国的伟大创造，是具有强大生机活力和发展前途的先进社会制度。

制度，从本质上说是一种国家形式，是国家本质的根本体现。衡量一种国家制度是否先进的重要标志，是看人民在国家制度中的位置。社会主义革命、建设、改革的历史使命，是打破和改造旧的国家机器，确保人民"有决定国家制度和管理国家的平等权利"。我国的国家本质深刻体现在国家制度之中：不断实现人民作为国家和社会主人的地位与权利，是中国制度形成和发展的根本基础；充分发挥广大人民积极性、主动性、创造性，是中国制度不断完善的主体依靠力量；维护与实现人民群众根本权益，是中国制度定型和发展的根本价值指向。

中华人民共和国成立后尤其是改革开放40多年来，我们党从人民当家作主这一制度本质出发，带领人民不断推进制度创新和完善发展，形成了一整套相互衔接、相互联系的制度体系。中国制度特有的本质，正是通过这一系列与之相适应的根本制度、基本制度和具体制度得以体现。这一制度体系，符合我国国情，顺应时代潮流，为实现人民当家作主提供广泛的途径、有效的方式和坚实的保障，有力调动了人民群众和社会各方面的积极性、主动性和创造性。这是中国制度之所以充满自信的根本所在，并具有鲜明特色。

理论逻辑和历史逻辑的有机统一。中国特色社会主义，是科学社会主义理论逻辑和中国社会发展历史逻辑的辩证统一。这在中国制度的形成和发展上，一方面表现为解放和发展生产力与实现共同富裕的有机统一。在不断解放和发展社会生产力的基础上，逐步消灭剥削，消除两极分化，最终达到共同富裕，既是社会主义的本质要求，也是社会主义制度优越性的根本体现。另一方面表现为，追求效率和维护公平的有机统一。中国制度既顾及社会差距的客观性和现实性，把追求效率、提高效率放在重要位置；又顾及社会公平与公正的必然性和目的性，在发展过程中着力实现效率与公平的有机统一。

坚持方向和自我变革的有机统一。改革开放是发展中国特色社会主义、实现中华民族伟大复兴的必由之路，但改革不是改向。如何既坚定不移维护基本制度、坚持正确方向，又坚定不移推进改革、除弊鼎新，是社会主义国家执政党面临的严峻考验。我们党成功应对了这一考验，中国制度就是在改革开放过程中不断完善和发展的。在领导和推进全面深化改革中，我们党又明确强调，社会主义的基本制度不可动摇，基本原则不能改变。正是在这种"变革"与"不变"的辩证统一过中，中国制度彰显出巨大的优越性和凝聚力。

自主选择和开放包容的有机统一。历史表明，任何一种社会制度，只有符合本国的基本国情，融入本国的优秀传统文化，适应本国人民的利益需求，才会有旺盛的生命力。中国共产党在领导人民创立中国制度的过程中，既坚持我国制度文明的主体选择性不动摇，绝不照搬别国模式，又在借鉴人类制度文明的优秀成果中不断丰富和完善我国制度。正是由于坚持主体选择和开放包容的有机统一，中国制度呈现出巨大的包容性和生命力，彰显了巨大优势。

有利于集中力量办大事，有效应对危机。当今世界正经历百年未有之大变局，我国发展既面临新的机遇，也面对不少挑战。中国制度始终坚持人民当家作主的本质，维护政令统一和国家安全，把民主与集中有机统一起来。这样一种国家制度架构，有利于集中力量办大事，有效应对各种突发事件和危机，确保国家长治久安、人民安居乐业。

有利于全面深化改革，推进国家治理现代化。"完善和发展中国特色社会主义制度，推进国家治理体系和治理能力现代化"的改革总目标，表明了我们党在中国制度上的高度自觉和自信。推进国家治理现代化的基础和前提是中国制度的创立与完善，推进国家治理现代化的实质和指向是进一步推进中国制度的现代化。中国制度的完善和发展融入国家治理的各领域与各层面，国家治理体系和治理能力现代化的不断提升,也必将进一步释放和发挥中国制度的内在活力和巨大优势。

有利于进一步激发社会活力,增进人民福祉。几十年来,我国经济之所以能够持续发展、民主之所以能够不断推进、文化之所以能够日益繁荣、社会之所以能够充满活力,很重要的一个因素是中国制度的创立和完善,使一切劳动、知识、技术、管理、资本的活力得以竞相迸发,使一切创造社会财富的源泉得以充分涌流。随着"四个全面"战略布局的进一步落实,中国制度必将进一步解放和发展社会生产力,进一步解放和增强社会活力,进一步促进社会公平正义、增进人民福祉。

>>> 制度自信

韧性展现制度建设能力和发展空间

制度的韧性由其内在品质、存在基础、组织结构和价值目标所决定,具体体现为制度的生存能力、发展潜力和实现水平。中国制度具有强大韧性,展现了强大的制度建设能力和广阔的制度发展空间。因此,对中国制度的自信并不是盲目的,这份自信恰恰来源于对其韧性的体认、捍卫和发展。

制度韧性来源于中华文明的韧性。中国制度植根于中国土壤,脱胎于中华文明。中华文明是世界文明中迄今为止未曾断流的文明,也是在未来途程中不断铺设并拓宽人类文明大道的中坚力量。中华文明是具有强大韧性的文明,有着鲜明的主体性,但绝不封闭保守,而是对异域文明高度开放、积极包容。中国制度继承了中华文明的韧性基因,具备强大的自主建构能力,同时积极汲取世界文明有益成果,从而在内生外烁、博观约取间，始终保持正确的前进方向，衍生不断持续发展的活力。当然，中国制度的建立和发展并非一帆风顺，遇到过诸多挫折和压力，也在不断应对各种挑战。不过，正是在千磨万击中，中国制度实现了坚韧的成长和积累。

价值目标决定韧性空间。一种制度有何种价值目标，就会有多强的运作力、革新力和生命力。从终极价值关怀看，中国制度以实现人的解放、促进每个人自由全面发展为目的。从现实价值目标看，中国制度以服务人民为宗旨，以维护、保障和实现最广大人民的根本利益为指向。这样的价值特性，使中国制度注定成为具有超强延伸度和巨大生长空间的制度，当然也是最具韧性并能不断发展这种韧性的制度。

制度与基础的互动，支撑韧性生长。在人类历史上，任何一种制度的存在，均依赖其物质基础和精神基础的支撑。一种制度是否具有强大韧性，除了看其物质基础和精神基础是否雄厚坚实外，还要看两个方面：一方面是当该制度仍处于弱势或遭到压制和创伤时，其应对挑战的能力，取决于该制度是否足够先进、能不能抵抗和战胜内外压力。另一方面是制度巩固、发展和增强其物质基础与精神基础的能力，即制度本身对于其依赖基础的反哺能力。中国制度是在不断抵御外部冲击、修正内部失误、应对各种风险考验的进程中形成并最终确立的，之所以历经曲折而不倒，一个主要原因在于其是先进的制度。更重要的是，中国制度能够发挥制度作用力，保障并增强其物质基础和精神基础。中华人民共和国成立后尤其是改革开放以来，中国经济社会的发展成就，充分证明了这一点。

制度韧性表现在社会统合和结构平衡中。社会是制度孕育、存在和发展的土壤。制度是否具有韧性及其韧性的程度和水平如何，都与社会的组织结构及其状态有很大关系。我国社会的一个显著特点是，具有强大的社会统构性和整合力，具有强大的社会稳定性和柔韧性。中国制度的韧性，突出表现在四个方面：一是制度整体性的自组织力。其中，主要是制度自身所具有的号召力、凝聚力和集中力，有利于社会集中各种资源和力量办大事。二是制度的学习力和借鉴力。在不断完善自身进程中，既能坚持正确方向，也能学习和借鉴他人优秀之处，善于利用高效和新颖的方式获取革新的可能性。三是应变修复能力。通过多样社会运行机制和具有统合力的组织结构，能够对各种变化作出动态应对，在坚持正确、修正错误中不断进步，寻找到最优发展路径。四是策略协调和平衡调控能力。中国制度有明确的发展目标，在实现目标的过程中，会结合实际采取阶段性、分步骤的发展策略，并由此协调配置资源，平衡发展状态，实现全面、协调和可持续发展。

中国特色社会主义制度具有强大韧性

李君如

中国特色社会主义是马克思主义基本原理与当代中国实际和时代特征相结合的产物。这种结合，内在地包括了原则性和灵活性的统一，从根本上决定了中国特色社会主义制度既有刚性又有韧性，因而它能够经受住那么多的挑战和考验而不断向前发展。

制度韧性：中国特色社会主义的特点和优点

中国特色社会主义制度具有韧性，这是其特点和优点。回顾历史，自改革开放以来，我们至少经历了以下考验。

拨乱反正的考验。我们坚持解放思想、实事求是的思想路线，不走老路，不走邪路，完成了党在指导思想上的拨乱反正，为新时期现代化建设创造了重要条件。

改革开放的考验。从农村家庭联产承包责任制改革到发展个体私营经济，从建立四个经济特区到全方位对外开放，从建立社会主义市场经济体制到全面深化改革，我们党以巨大的政治勇气锐意推进改革，不断扩大开放，使中国赢得了前所未有快速发展的好形势。

苏东剧变的考验。在苏东剧变、世界社会主义遭遇严重挫折之时，我们不仅成功捍卫了社会主义事业，而且汲取教训，把中国特色社会主义胜利向前推进。

特大自然灾害的考验。在洪涝、地震等特大自然灾害面前，我们同舟共济、共渡难关，展现了"集中力量办大事"的制度优势、党和政府的组织能力以及崭新的社会风貌。

国际金融危机的考验。我们成功应对了1997年亚洲金融危机和2008年国际金融危机的冲击，实现了经济稳定、持续、健康发展。

消极腐败的考验。一些党员干部经受不住利益诱惑，滑入腐败深渊。我们秉承"治国必先治党，治党务必从严"的要求，以零容忍态度开展反腐败斗争，赢得了党心民心。

全面深化改革和全面推进依法治国的考验。经过30多年的改革发展，我们取得了历史性进步，也遇到诸多新问题。在"四个全面"战略布局下，以全面建成小康社会为战略目标，全面深化改革、全面依法治国、全面从严治党共同推进，我们开始了新的伟大征程。

尽管考验还没有完结，但在经受考验时已经展示了中国共产党的执政能力和中国特色社会主义制度的韧性，这种韧性是我们制度自信的重要根据。

韧性基础：具有张力的国家治理结构

中国特色社会主义制度的韧性从哪里来？其基础就是在改革开放过程中锻造的、具有张力的国家治理结构。

在推进经济体制改革、探索社会主义市场经济的过程中，我们逐步理清了政府与市场的关系；在探索社会体制改革的过程中，又逐步明确了政府与社会的关系。这样，就形成了政府、市场、社会三者既各自独立又相互联系的国家治理结构。用几何图形来描绘，这是一个三角形的结构。而且，这个三角形的三条边都是流动的、互动的，即政府与市场、政府与社会、市场与社会之间相互作用，因此这个结构不仅具有三角形的稳定性，而且是一个具有内在张力的稳定结构。还要指出的是，在改革开放过程中，我们既强调始终坚持党的领导，又探索党的领导方式和执政方式的创新，提出党与政府、市场、社会之间要形成新型领导关系。这样，在政府、市场、社会构成的三角形之上又有党的领导，党和政府、市场、社会之间也有互动的关系，于是形成了有张力的国家治理结构。

这样的国家治理结构，不仅具有抵御各种风险的刚性，而且具有应对内在问题和外在冲击时始终坚忍不拔、不会断裂的韧性，使我们对中国特色社会主义制度充满自信。

韧性之根：历史和文化积淀

中国特色社会主义的制度韧性，不仅源于具有张力的国家治理结构，还有更深刻的根源，即我们的历史和文化。

我国新民主主义革命是在争取民族独立和人民解放、求得国家富强和人民幸福的历史大背景下发生的，领导这一革命的中国共产党不仅以无产阶级为阶级基础，而且通过最广泛的统一战线团结和联合最广泛的革命力量。中华人民共和国建立后，我们形成了中国共产党领导的多党合作和政治协商制度，在建立人民代表大会制度的同时继续发挥人民政协的作用，实行了选举民主和协商民主相结合、具有中国特色的民主形式。这一独特的民主政治路径，从根本上决定了中国的政治制度是有自己特色的社会主义政治制度，决定了在完善这一制度的进程中能够将刚性与韧性融于一体。

中国特色社会主义制度深深扎根于我们的文化之中，这是其深得人心的重要原因。我们的文化是有自己鲜明民族特点并兼具包容开放功能的文化。将马克思主义基本原理与我国具体国情结合而开辟的中国特色社会主义道路，既反映了中国的基本国情和中国人民建设社会主义的实践经验，又体现了中国文化特别是中国人思维方式的特点，有着深厚历史渊源和广泛现实基础。

这种历史和文化的力量是无形的，却又非常强大。它决定了我们的制度具有特殊的刚性和韧性，是任何外部力量都压不垮、推不翻的。

韧性关键：执政党的先进性

讲中国特色社会主义制度具有韧性，并不代表我们没有危机意识。能否充分发挥制度优势，关键取决于我们的执政党能否始终保持先进性。中国共产党是一个具有自我革新精神、自我净化功能的党，能够主动适应实践和时代变化，不断与时俱进。

以马克思主义为指导，中国共产党在90多年的发展历程中形成了许多特质和优点。中国共产党既有全心全意为人民服务的根本宗旨，又有实事求是的思想路线，是一个为民主和科学而奋斗的政党；既立足中国基本国情，又顺应世界发展潮流，是一个具有世界眼光和战略思维的政党；既坚持党内民主，又坚持党的集中统一，是一个能够吸引和凝聚人民力量的政党；既有原则性，又有灵活性，是一个敢于斗争又善于应对各种困难和风险的政党；既能够为人民坚持真理，又能够为人民修正错误，是一个真正没有私利的政党；既重视学习，又善于学习，是一个能够在不停顿的学习中提升素质和能力的政党。正是这些特质和优点，决定了中国共产党能够自觉清除肌体中的"垃圾"和"毒瘤"，始终保持生机和活力。在这样一个政党领导下的中国特色社会主义制度，必然具有抗击和抵御各种风险的强大韧性。

《人民日报》（2015年6月12日）

★ 拓展阅读

强大生命力和巨大优越性

《中共中央关于坚持和完善中国特色社会主义制度、推进国家治理体系和治理能力现代化若干重大问题的决定》(以下简称《决定》)指出:"实践证明,中国特色社会主义制度和国家治理体系是以马克思主义为指导、植根中国大地、具有深厚中华文化根基、深得人民拥护的制度和治理体系,是具有强大生命力和巨大优越性的制度和治理体系,是能够持续推动拥有近十四亿人口大国进步和发展、确保拥有五千多年文明史的中华民族实现'两个一百年'奋斗目标进而实现伟大复兴的制度和治理体系。"也就是说,中国奇迹来自于中国制度和治理体系的强大生命力和巨大优越性。

今天,世界面临百年未有之大变局,中华民族处在民族复兴的关键时期。要实现党的十九大确定的现代化奋斗目标,就要进一步在制度改革和制度建设中,发挥中国制度和治理体系的强大生命力和巨大优越性。党的十九届四中全会制定党的历史上第一个专门研究国家制度和治理体系的文件，意义就在这里。

回顾改革开放以来我们在制度改革和制度建设问题上的实践进程及其认识发展过程，大体经历了从提出"制度改革"任务并全面推进，到提出要"形成一整套更加成熟更加定型的制度"，再到提出"完善和发展中国特色社会主义制度，推进国家治理体系和治理能力现代化"，一直到制定"分三步走"推进制度建设和治理能力建设的《决定》这样几个发展阶段。

第一阶段，从党的十一届三中全会到邓小平南方谈话，是提出"制度改革"任务并全面推进的发展阶段。在邓小平同志的领导和支持下，我们的改革从农村实行家庭联产承包责任制开始，在经济体制、政治体制、科技体制、教育体制等各个方面全面推进，取得了丰硕的成果。尤其是党的十二届三中全会通过的关于建立社会主义商品经济体制的决定，是经济体制改革的一个重大突破。

第二阶段，从邓小平南方谈话和党的十四大到党的十八大，是提出"形成一整套更加成熟、更加定型的制度"并取得突破性进展的发展阶段。从十四大到十八大前，我们各个方面的制度，有的逐步成熟或定型，有的还在探索和创新，但总的来说，制度改革取得了明显的进展。由此可见，"制度改革"是要破除束缚社会生产力发展的生产关系和上层建筑的各个环节，建立有利于社会生产力发展的新制度、新体制、新机制。在改革和创新制度的进程中，我们的一个重要任务就是"形成一整套更加成熟、更加定型的制度"。

第三阶段，党的十八大以来，以习近平同志为核心的党中央把制度建设摆到更加突出的位置，在努力实现"形成一整套更加成熟更加定型的制度"这一目标的同时,提出了"完善和发展中国特色社会主义制度,推进国家治理体系和治理能力现代化"这一全面深化改革的总目标。习近平总书记指出:"党的十八届三中全会推出336项重大改革举措。经过5年多的努力,重要领域和关键环节改革成效显著,主要领域基础性制度体系基本形成,为推进国家治理体系和治理能力现代化打下了坚实基础。"同时要看到,这些改革举措有的尚未完成,有的甚至需要相当长的时间去落实,我们已经啃下了不少硬骨头但还有许多硬骨头要啃,我们攻克了不少难关但还有许多难关要攻克,我们决不能停下脚步,决不能有松口气、歇歇脚的想法。

党的十九大在作出到21世纪中叶把我国建成富强民主文明和谐美丽的社会主义现代化强国这一战略安排的同时,指出:到2035年,各方面制度更加完善,国家治理体系和治理能力现代化基本实现;到21世纪中叶,实现国家治理体系和治理能力现代化。党的十九届四中全会就是根据十九大确定的任务,完整提出了新时代坚持和完善中国特色社会主义制度、推进国家治理体系和治理能力现代化的总体目标:"到我们党成立一百年时,在各方面制度更加成熟更加定型上取得明显成效;到二〇三五年,各方面制度更加完善,基本实现国家治理体系和治理能力现代化;到新中国成立一百年时,全面实现国家治理体系和治理能力现代化,使中国特色社会主义制度更加巩固、优越性充分展现。"

需要指出的是,习近平总书记在对《决定》作说明时,提出和使用了两个重要范畴。一个重要范畴为,贯穿于整个"说明"的基本范畴是"制度建设和治理能力建设"。另一个重要范畴为，整个《决定》及其"说明"回答的是"坚持和巩固什么，完善和发展什么"。联系前面回顾的从"制度改革"到"制度更加成熟更加定型"，再到"完善和发展中国特色社会主义制度、推进国家治理体系和治理能力现代化"这样的历史发展进程，我们可以体会到，经过40多年"制度改革"，现在到了"制度建设和治理能力建设"的阶段。制度建设和治理能力建设，主要包括两个方面的任务：一是要"坚持和巩固"已经成熟和定型的制度；二是要"完善和发展"需要进一步改革和创新的制度。

概言之，今天和未来的任务，就是要在制度改革和制度建设中进一步发挥中国制度和治理体系的强大生命力和巨大优越性，实现中华民族从站起来、富起来到强起来的历史性伟大飞跃。

> 制度自信

社会主义协商民主是中国发展的制度成果

协商是民主最原始、最基础、最普通的要素，民主的任何形式和内容都可以在这里找到根源。西方民主经历几百年实之后，在20世纪后期意识到应该开发协商资源，以弥补选举和代议制民主之不足，并在基层治理中掀起了发展协商民主的热潮。差不多在同一时期，我国将协商民主建设全面提上日程。虽然二者在时间上巧合，但内在逻辑完全不同，社会主义协商民主是中国自身发展的制度成果。

西方现代民主源于对君权统治的反抗与限制，因而其形成与成长主要围绕限制或替代君权的代议机构而展开，强调民众通过选举代理人表达自己的意志。为了弥补代理人在代议中无法真正表达民众真实意见的制度缺陷，西方近些年才开始重视以公民直接参与为形式的协商民主。与西方不同，我国的现代民主源于各族人民平等共建现代民主国家的实践，强调人民联合、团结，共同掌握国家权力。可以说，新中国是从协商中走来的，协商民主是新中国与生俱来的民主形式。

完善协商民主制度，推进协商民主发展，一直是中华人民共和国成立后尤其是改革开放以来，我国社会主义民主政治建设的重要内容。党的十八大报告确立了"社会主义协商民主制度"概念，中共中央印发的《关于加强社会主义协商民主建设的意见》指明了社会主义协商民主的内涵属性、基本原则与渠道程序，大力推动具有鲜明中国特色的社会主义协商民主制度不断完善与有效运行。

主权在民是现代民主的基本原则。比较而言，西方民主突出强调民众权利；我国的人民民主不仅强调民众权利，而且强调人民当家作主的权利，人民是国家发展与治理的主体，是民主与进步的逻辑起点。应该说，我国的国体决定了人民能够广泛参与社会利益协调、公共事务安排以及国家政策制定过程。协商民主符合这种国体要求，是这种国体要求的必然产物。因此，协商民主能够在中华人民共和国成立时就应运而生。实践表明，协商民主也是人民民主国家推进国家治理体系和治理能力现代化的有效路径。

一个国家的民主建构能力在很大程度上影响着其现代化进

程。这种能力的关键不在于多大程度上适应世界民主化潮流，而在于多大程度上保持自我的内在定力，真正从符合自身历史、社会与文化的现代化发展逻辑出发进行民主建构布局。我国具有悠久的文明史，但现代民主实践仅有100来年。在这一过程中，虽然经历过曲折，但凭借根植于厚重文明底蕴的民族自觉与自信，我国自主地走出了符合国情和人民意愿的社会主义民主政治建设与发展道路，坚定了中国特色社会主义道路自信、理论自信、制度自信、文化自信。

"四个自信"，对于任何一个发展中国家来说都是极为宝贵的精神力量和战略资源。凭借"四个自信"，中国共产党团结带领全国各族人民，将长期实践探索中形成的协商民主发展为我国社会主义民主的重要形式，并积极推动其广泛、多层、制度化发展。基于中国的发展与进步，协商民主一定会推动我国社会主义民主政治以独特而有效的形态屹立于现代人类政治文明体系。

协商民主是符合中国国情的民主实现形式

林尚立

人民民主是我们党始终高举的旗帜，社会主义政治文明是我们党始终不渝的追求。习近平总书记指出："人民民主是社会主义的生命。没有民主就没有社会主义，就没有社会主义的现代化，就没有中华民族伟大复兴。"以什么样的思路来谋划和推进社会主义民主政治建设，是我国政治生活中举足轻重的问题。客观地说，人民民主在中国的建构和运行不可能一步到位，必然要经历一个实践探索、发展完善的过程。中华人民共和国成立后尤其是改革开放以来，我国在人民民主实践中取得长足进步，不仅强调价值原则先进性，而且强调制度化和法治化；不仅强调对党和国家的规范性作用，而且强调满足人民广泛参与政治生活的要求；不仅强调开发人民民主的政治资源，而且强调开发人民民主的治理资源。正是在这种探索和发展过程中，我国找到了人民民主的重要实现形式，即能保障人民进行广泛多层次参与的协商民主。健全社会主义协商民主制度，既是我国国家建设和民主建设的内在要求，也是改革开放以来我们坚持走中国特色社会主义政治发展道路的重要成果。

协商民主符合人民民主的本质要求

习近平总书记指出，要发展社会主义协商民主，扩大人民群众有序政治参与，保证人民广泛参加国家治理和社会治理，形成生动活泼、安定团结的政治局面。社会主义协商民主制度作为一套制度体系当然还需要进一步健全，但它在长期探索和实践中已融入我国民主制度与民主生活的方方面面，成为我国民主建设和发展的战略性基础平台。

从现代中国政治发展的逻辑看，民主在中国要解决两个基本问题：一是促使传统国家向现代国家转型，并保证中国在现代国家框架下保持内在一体性，实现构成国家的各民族、各阶层、各团体的共存与共生；二是发展人民民主，人民当家作主，成为国家的主人，共同掌握、行使国家权力。这两个基本问题紧密联系在一起，是我国民主的两个方面。没有各民族、各阶层、各团体的共存与共生，人民就不可能联合成为有机整体，从而保障人民以整体的力量掌握国家权力；反过来，没有人民当家作主，各民族、各阶层、各团体的联合就不可能得到根本保障。可见，从民主运行的内在逻辑看，协商实际上是民主原初的存在与运行形式；只有在协商出现困难的时候，人们才会用票决制。从这个角度讲，中国共产党在坚持和发展选举和投票民主形式基础上，全面发展协商民主形式，完全符合现代民主精神。

协商民主制度在中国的确立与发展是人民民主实践的产物，体现的是人民民主的本质要求。中国共产党通过协商民主制度，建立了中华人民共和国，建立了人民民主政权；确立了中国共产党领导的多党合作和政治协商制度，并使其成为中国的基本政治制度；有效将党的群众路线转化为全面吸纳公民参与民主决策和民主管理的制度体系；充实和巩固了基层群众自治制度，使广大人民群众在日常生活和生产中拥有保障自己权利、实现自我管理、维护公共利益的制度基础与行动路径。由此可见，协商民主制度是与中国共产党所领导的民主实践共同成长的，不仅成就了新中国，而且成就了中国人民当家作主的权利和实践。

显然，协商民主制度虽然不是人民民主在中国实践的全部，但它所观照的是人民民主在中国实践的全局。所以，党的十八大提出的健全和发展协商民主制度，将对人民民主的实践和发展产生全局性、根本性的推动作用。首先，协商民主制度将使人民当家作主的政治实践有更为广阔的政治空间与实践平台。让广大人民群众更加直接地参与国家治理是人民民主作为新型现代民主的关键所在，日益完善的协商民主制度体系无疑将为人民群众参与国家治理提供有效保障。其次，协商民主制度将在中国社会更加多样化条件下，维持和增强社会活力，并保持人民团结、社会和谐以及国家统一，从而使多元的活力与一体的合力共同成为推动民族振兴和国家发展的积极力量。再次，协商民主制度将使中国在民主化过程中创造出选举民主与协商民主并行结合的民主运行体系,从而使党的领导、人民当家作主和依法治国有机统一的中国民主实践有切实有效的制度基础和运行机制。最后,协商民主制度将为我国民主发展创造更多参与空间、制度平台以及工作机制,从而使我国政治、经济和社会发展能够长久保持在稳定、协调、可持续的状态。总而言之,健全社会主义协商民主制度的战略部署,必将开创我国政治建设和发展的新境界。

协商民主展现了中国特色

协商民主是以人民广泛多层次参与为基础,通过公平、公开和规范的沟通与协商,创造有序公共生活的民主政治形式,是我国人民民主的重要实现形式。所以,在我国政治生活中,协商民主本质上是人民民主通过民主协商方式得以有效运行与实现的重要形式,它既包含人民民主的本质规定,也包含协商民主的内在规定。这决定了协商民主在中国运行与发展具有自己的特色。

以中国共产党为核心主体。作为中国的执政力量,中国共产党不仅是国家政治生活的核心,而且是社会组织的核心。所以,协商民主的展开,不论是组织体系还是程序过程,都必须以中国共产党为核心。在国家政治生活层面,中国共产党可以通过党的职能组织以及所团结的各民主党派,建立协商民主运作的组织与机制;在社会生活层面,中国共产党可以通过其基层组织及党所联络的各种社会组织,为协商民主运作建立覆盖面广、协调面大的组织与机制。

中国共产党在中国社会的领导核心作用以及由此产生的对社会的强大动员力和整合力,是中国协商民主得以展开的重要政治基础。反过来,对于中国共产党来说,协商民主则是在多样化社会巩固和发展领导地位的重要民主政治形式。

以宪法为最高权威。协商民主在本质上强调协商主体之间的政治平等。为此,必须确立共同的最高权威。在现代民主条件下,宪法理应成为最高权威,所有社会和政治力量都必须在宪法框架内活动,尊重和服从宪法。协商民主要在宪法法律框架内运行,成为促进和巩固人民民主的重要资源,首先就要成为一种制度化的过程。为此,应把所有协商都建立在完善的制度平台上。从这个意义上讲,协商民主建设的关键是制度的创新和建设。

参与成为社会整合的重要动力。协商本身就是一种参与。协商在给人们提供广阔参与空间与机会的同时,也要求人们通过参与来表达自己的意见、维护自身的利益。参与推动协商,而协商所具有的协调和团结功能,又使多元主体在参与过程中得到有效整合。这样的政治过程决定了在协商民主条件下,参与就成为实现多元社会整合的重要动力。当然,这个动力能否产生积极的整合效果,很大程度上取决于协商民主本身在结构和功能上所达到的完善程度。从这个角度讲,协商民主对于制度化的要求不是降低了,而是提高了。

权力运行趋向软化。在协商民主条件下,权力运行必然趋向软化。这是因为,协商意味着权力的运用需要经过一个协商共议的过程,才能具有合法性和有效性。具体来说,在协商民主条件下,权力的运用首先必须通过制度与程序的规范起作用,不能在制度与程序之外单独起作用；其次，即使在制度与程序之中，权力的运用也必须经过协商的过程。其原因在于，在利益多元条件下，政治过程所涉及的各方都有自己的利益要求，甚至都代表着不同利益；权力要通过这样的政治过程达到目的，就必须通过协商来协调与整合不同利益要求，从而形成最大限度满足不同利益要求的政治产品。实际上，权力软化的现象在我国已经出现，如听证制度、民主恳谈会、专家咨询会、政策对话沟通会等形式，这些机制的运行起到了软化权力的效果。

社会治理是多元共治。社会自治能力提高是协商民主发展的前提，也是协商民主发展的结果。政府产生于社会，政府对社会的治理从根本意义上讲是社会的要求。在社会无力自主、无力运用权力的条件下，政府对社会的单向作用自然可以被无限放大。但是，现代化的发展不仅提升了人类驾驭自然的能力，而且大大提升了社会的自主能力。这种发展使得政府对社会的治理突破了传统的政治统治范畴，形成政府与社会合作治理社会的模式。新的政府与社会关系为我国协商民主提供了现实基础，同时协商民主也为这种政府与社会关系的发展提供了合理途径与形式。

公正成为政治过程的基本价值追求。协商的前提是平等，平等的利益主体通过协商完成政治产品的生产过程。协商之所以能够成为可接受的民主政治形式，就是因为它能够产生公正的政治产品。公正的本质不是满足所有利益主体的要求，而是在政治过程中，各参与主体共同遵守有共识的程序与规则，并充分尊重和考虑所有利益主体的要求。对于每个协商主体来说，公正的关键不是利益实现程度的问题，而是协商结果可接受程度的问题。是否接受协商结果，不仅取决于协商结果本身，而且取决于是否接受协商价值与过程。所以，在接受协商结果之前，人们必须首先接受协商本身，即对协商民主形成基本的共识。

政治结构从纵向向纵横结合发展。有学者认为，政治有纵向性与横向性之分。纵向性体现为权力、统治、命令、强制、政府、国家；横向性体现为公众舆论、参与、选举、公民表决。显然，协商应该属于横向性政治的范畴。这种划分有助于展现政治结构内各要素相互作用的用力取向。用这个模式来分析我国政治结构可以看到，一旦广泛多层次的协商民主全面展开，在协商的政治逻辑作用下，参与、自治、协商以及合作等政治中的横向因素将不断增长，这必然促使我国政治结构从侧重纵向结构向纵横结合发展。在协商形成合作共治的大趋势作用下，横向结构的地位与作用将不断增强，进而推动我国政治结构更加完善。

竞争民主必须与协商民主有机结合

我国发展协商民主制度，一方面要把政治协商在政治生活中的作用充分发挥出来，另一方面要使得协商的精神与原则成为我国民主政治生活的基础，从而在已有政治协商的基础上，发展出人大协商、政府协商、人民团体协商和基层协商等各种协商形式，为实现人民当家作主提供更为丰富的制度资源和广阔的政治空间。

以人民与社会为根本决定力量的现代民主政治，不管以什么形式展开，都必须经历一个最基本的政治过程，即权力委托过程。在这个过程中，人民行使了手中的权力，受委托者合法地获得了掌握和运行人民委托给国家权力的资格。这个过程的基本形式就是选举。在现代民主政治条件下，选举就难免要与竞争联系在一起。竞争是民主的重要条件，但不是民主的充分条件。也就是说，不是有竞争就一定有民主。民主的充分条件在于：人民在经济与社会生活中拥有自主权，以及他们所组成的社会是决定国家的力量，代表国家行使管理职权的政府的合法性来自人民的认同与支持。所以，概括来说，人民在经济与社会领域的自主以及由此形成的在政治领域对国家的决定权，是民主的充分条件。

竞争只是民主的必要条件，而不是民主的全部。所以，不能是竞争决定民主，即从竞争出发来设定民主的形式；相反，应该从民主发展的内在要求出发来设定竞争。竞争是民主的手段，民主是竞争的目的。从民主发展的实践来看，目的决定手段，即民主决定竞争。所以，从一定意义上讲，那种认为中国只有搞西方式的多党竞争政治才能达成民主的主张，其背后的理论逻辑就是手段决定目的的错误逻辑。民主目标的崇高性与竞争手段的局限性，决定了在民主与竞争的关系上，所有逻辑起点应该是民主而不能是竞争。竞争对民主的决定作用，是在民主决定竞争的前提下展开的。如果在具体政治实践中，把这个逻辑倒过来，即从竞争出发来安排民主，那么，任何民主的成长都将是困难的，更何况在中国这样人口众多的发展中大国。

在我国民主建设和发展过程中，竞争民主必须时刻与协商民主有机结合，把竞争建立在协商基础上。保证和支持人民当家作主，通过依法选举，让人民的代表参与国家生活和社会生活管理是十分重要的，通过选举以外的制度和方式让人民参与国家生活和社会生活管理也是十分重要的。人民只有投票的权利而没有广泛参与的权利，人民只有在投票时被唤醒、投票后就进入休眠期，这样的民主是形式主义的。人民通过选举、投票行使权利与人民内部各方面在重大决策之前和决策实施之中进行充分协商，尽可能就共同性问题取得一致意见，是我国社会主义民主的两种重要形式。在中国，这两种民主形式不是相互替代、相互否定的，而是相互补充、相得益彰的，共同构成了我国社会主义民主政治制度的特点和优势。

《人民日报》（2016年8月31日）

★ 拓展阅读

用法治体系全面巩固中国制度

党的十八届四中全会通过的《中共中央关于全面推进依法治国若干重大问题的决定》(以下简称《决定》),全面部署了社会主义法治体系建设,明确了中国特色社会主义制度是中国特色社会主义法治体系的根本制度,是全面推进依法治国的根本制度保障。中国特色社会主义法治体系是基于中国特色社会主义制度根本要求而形成的法治体系,其使命是全面巩固和完善中国特色社会主义制度。所以,中国特色社会主义法治体系建设不是就法治论法治,而是紧紧围绕中国特色社会主义事业总体布局、围绕国家发展所需要的国家治理体系进行建设。正因如此,中国特色社会主义法治体系建设才具有全面巩固和完善中国特色社会主义制度的能力与功效。它主要从以下几个方面起到全面巩固和完善中国特色社会主义制度的作用。

党的领导与依法治国有机统一,为中国特色社会主义制度巩固提供根本政治保障。党与法治的关系,是法治建设核心问题。中国特色社会主义法治体系建设，既明确要求把党的领导贯彻到依法治国全过程和各方面，也明确了党在推进依法治国中的领导原则与领导方式；既明确要求巩固党在国家建设与治理中的领导核心地位，也明确了党必须依据宪法法律治国理政，依据党内法规管党治党。

依宪治国与依宪执政有机统一，为中国特色社会主义制度巩固提供坚强宪法保障。依法治国首先是依宪治国，依法执政首先是依宪执政。《决定》的这一重要论断，体现了我们党对宪法尊严和权威的充分肯定。宪法是国家根本大法，是社会主义法律体系的核心，也是确保党的领导与国家制度体系稳固的根本法律基础。所以，确立宪法在治国理政中的根本地位，对于中国特色社会主义制度将产生全局和长远作用。

社会主义法治五大体系有机统一，为中国特色社会主义制度自我完善提供有效平台与路径。完备的法律规范体系、高效的法治实施体系、严密的法治监督体系、有力的法治保障体系、完善的党内法规体系，既有理论层面也有实践层面，既有制度层面也有运行层面，既有国家层面也有党的层面，既能实现依法治国、依法执政、依法行政的共同推进，也能实现法治国家、法治政府、法治社会的一体建设。这为全面推进法治中国建设规定了更加清晰的目标和任务，规划了切实可行的路线图，必将保障法治建设稳步推进。所以，它能够全方位促进社会主义制度自我完善和发展。

法治体系与国家治理体系和治理能力建设有机统一，为中国特色社会主义制度有效运行提供了坚实法律与制度基础。社会主义法治体系建设，从立法、执法、司法和守法四个层面展开。因而，它是一个系统工程，其建设和发展必然带来国家治理领域深刻变革。对国家治理体系建设来说，法治体系建设既是其基本任务，也是其得以确立并产生效能的关键。社会主义制度只有借助有效国家治理体系才能得到有效运行，获得巩固和完善。所以，以国家治理体系和治理能力现代化为取向的法治体系建设，必将全面支撑中国特色社会主义制度落实与运行，并孕育出一套与之配套、保障其运行的体制机制。

　　法治体系建设与法治能力提升有机统一，为中国特色社会主义制度的巩固与完善创造良好社会基础与文化支撑。任何制度只有扎根民心，才能最终巩固。这就要求制度运行与实践能够全面具体地渗透到人民生活各个环节，并在其中起积极作用；要求法治价值、体系、程序与运行能够有效嵌入社会，契合社会内在要求与发展现实。这其中既强调法治体系建设，也强调法治能力提升，两者相辅相成。经验表明，良好法治才能树立良好价值体系，才能创造有效制度认同。这决定了中国特色社会主义制度只能在法治体系与法治能力有机统一所创造的善治中扎根社会、深入民心。社会主义法治体系建设将为我国改革发展创造全新的发展动力和发展平台。

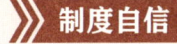
制度自信

制度活力的深厚来源

社会制度是否具有解放和发展社会生产力的活力,是衡量社会制度是否优越的根本标准。中国制度在实践中显示了自己强劲的活力,这种活力来源于社会主义的生命力、改革开放的创造力、民族精神的凝聚力和中国共产党的治国理政能力。

中国当代社会制度是在根本改造旧制度的基础上建立起来的,其内在活力首先来源于这个制度的根本属性——社会主义。坚持公有制为主体,社会基本矛盾的状况是既相适应又相矛盾,相适应的方面是基本的,相矛盾方面的性质是非对抗性的,可以通过社会制度的自我完善和发展来解决。坚持人民主体地位,社会生产的出发点和落脚点是人民群众的根本利益,社会基本矛盾体现在人与人的关系上主要是人民内部矛盾,可以用协商协调、统筹兼顾的方式来解决,为解放和发展生产力开辟道路。通过这"两个坚持"来推进社会公正和共同富裕，以社会公正和共同富裕来调动一切社会力量的积极性、主动性、创造性，使生产力在持续发展中所积累的能量通过制度的不同体制机制传递到全社会，激励全国人民为建设经济发展、政治清明、文化昌盛、社会公正、生态良好的社会主义现代化国家，实现中华民族伟大复兴的中国梦而奋斗。

发挥社会主义制度的优越性，充分释放生产力推动社会前进的能量，是一个从可能性向现实性转化的过程，实现这个转化的条件是改革开放。中国的改革开放是自下而上和自上而下相结合、摸着石头过河和顶层设计相统一的过程，这本身就是中国制度巨大生机活力的充分体现。实践证明，只有通过全面深化改革，才能让一切劳动、知识、技术、管理、资本的活力竞相迸发，让一切创造社会财富的源泉充分涌流，让发展成果更多更公平惠及全体人民。只有通过扩大开放，才能真正融入世界大潮，抓住经济全球化过程中的战略机遇，进一步激活中国制度的内在潜力，推动中国赶上时代前进的步伐。正如习近平总书记指出的，30多年来，我们党靠什么来振奋民心、统一思想、凝聚力量？靠什么来激发全体人民的创造精神和创造活力？靠什么来实现我国经济社会快速发展、在与资本主义竞争中赢得比较优势？靠的就是改革开放。

中国特色社会主义制度是马克思主义中国化的产物，独特的文化传统、独特的历史命运、独特的基本国情铸就了中国道路，也铸就了中国制度。中国制度的优越性和韧性不仅在于它是合规律性和合目的性的统一，而且是合时代性和合民族性的统一，这种具有中国特色的优越性和韧性体现出制度的生机活力。千百年来，自强不息、厚德载物的理念支撑着中华文明的延续，激励着一代代中国人百折不挠，无数次在逆境中奋起，从黑暗走向光明，从贫穷走向富强，从落后走向先进，这种爱国主义精神是社会主义核心价值观的民族基因，是当代中国社会正能量的重要动能，也是中国制度保持生机活力的精神动力。大力弘扬这一精神，就能在推动改革、促进发展、保持稳定、实现中国梦的过程中凝聚民心，构建共识，形成合力。

中国共产党是中国社会主义制度建立、改革和发展的设计者和领导者。作为一个以先进理论武装，代表中国先进生产力发展要求、代表中国先进文化前进方向、代表中国最广大人民根本利益的工人阶级政党，中国共产党本身就是富有生机和活力的，这是中国制度活力的政治基础。在治国理政实践中，一方面，我们党不断深化对"三大规律"的认识，坚持把改革力度、发展速度和社会可承受的程度统一起来，坚持把解放思想、解放和发展社会生产力、解放和增强社会活力统一起来，以解放思想引领改革，以改革解放和增强制度活力，最终解放和发展社会生产力，使中国特色社会主义制度的优越性更加充分地体现出来。另一方面，我们党不断加强自身的制度建设，积极发展党内民主，增强党的创造活力，以扩大党内民主带动人民民主，以增进党内和谐促进社会和谐。

为人类对更好社会制度的探索提供中国方案

姜 辉

进入 21 世纪以来,世界和中国都发生了重大而深刻的变化,中国与世界的关系也发生了根本性变化。今天的中国前所未有地走近世界舞台中央,前所未有地接近实现中华民族伟大复兴的宏伟目标,前所未有地具有实现这个目标的能力和信心。在这样的大背景下,坚持和发展中国特色社会主义必须具有世界眼光、培育世界胸怀、作出世界贡献。为此,习近平总书记提出"为人类对更好社会制度的探索提供中国方案"。我们必须从这样的高度来看待中国特色社会主义的世界意义。

中国特色社会主义让科学社会主义在 21 世纪焕发出新的蓬勃生机

中国特色社会主义是世界社会主义的重要组成部分,是 21 世纪科学社会主义新发展的引领旗帜。习近平总书记指出,中国共产党带领全国各族人民取得的伟大胜利,"使具有 500 年历史的社会主义主张在世界上人口最多的国家成功开辟出具有高度现实性和可行性的正确道路,让科学社会主义在 21 世纪焕发出新的蓬勃生机"。

从科学社会主义诞生到 21 世纪中叶,我们可以将其划分为三个大的历史阶段:从 1848 年《共产党宣言》发表标志科学社会主义诞生到 1917 年俄国十月革命,是科学社会主义发展的第一个历史阶段,其主要任务是促进马克思主义与工人运动相结合,建立工人阶级政党,进行社会主义革命,夺取政权。这一时期,科学社会主义的发展主要体现为马克思主义形成和丰富完善,并在社会主义运动中取得主导地位。从 1917 年俄国十月革命到 20 世纪 80 年代末、90 年代初苏东剧变,是科学社会主义发展的第二个历史阶段,其主要历史任务是促进马克思主义与各国实际相结合,回答经济文化比较落后的国家如何建设社会主义、巩固和发展社会主义的问题,殖民地半殖民地国家民族解放运动问题,如何从民主革命转变为社会主义革命、建立新的社会制度的问题,以及社会主义改革等问题。这一时期,科学社会主义的发展主要体现为列宁主义的形成,在中国是马克思中国化的第一个理论成果毛泽东思想的形成,以及改革开放进程中中国特色社会主义理论体系的建构与初步发展。从 20 世纪

80年代末、90年代初苏东剧变到21世纪中叶，是科学社会主义发展的第三个历史阶段，其主要任务是实现社会主义制度更加成熟更加定型，使社会主义制度的优越性更加充分地体现出来、社会主义自我完善和发展达到一个新的水平。这一时期，科学社会主义的发展集中体现为中国特色社会主义理论体系的创新发展。21世纪中叶，正是我们党提出的"两个一百年"奋斗目标胜利实现的伟大历史时刻，这在科学社会主义第三个历史阶段具有里程碑意义。

邓小平同志作出过关于第三个历史阶段的深远预见："我们中国要用本世纪末期的二十年，再加上下个世纪的五十年，共七十年的时间，努力向世界证明社会主义优于资本主义。我们要用发展生产力和科学技术的实践，用精神文明、物质文明建设的实践，证明社会主义制度优于资本主义制度，让发达的资本主义国家的人民认识到社会主义确实比资本主义好。"习近平总书记指出："我们坚信，随着中国特色社会主义不断发展，我们的制度必将越来越成熟，我国社会主义制度的优越性必将进一步显现，我们的道路必将越走越宽广，我国发展道路对世界的影响必将越来越大。"我们要从让科学社会主义在21世纪焕发出新的蓬勃生机的高度来认识中国特色社会主义的世界意义。

中国特色社会主义创造性地解答了"如何治理社会主义社会"的历史课题

我们党治理社会主义社会，已经走过了不平凡的历史进程。我们建立了社会主义基本制度,并在这个基础上不断进行改革,使我国社会主义制度不断丰富和完善。在新的历史起点上,我们党需要把以往世界社会主义实践中"没有解决得很好"的问题进一步解决好,充分体现社会主义制度的优越性。正如习近平总书记指出的:"这就要靠通过不断改革创新,使中国特色社会主义在解放和发展社会生产力、解放和增强社会活力、促进人的全面发展上比资本主义制度更有效率,更能激发全体人民的积极性、主动性、创造性,更能为社会发展提供有利条件,更能在竞争中赢得比较优势,把中国特色社会主义制度的优越性充分体现出来。"

今天,我们党治国理政的一项重大历史任务,就是推动中国特色社会主义制度更加成熟,更加定型,为党和国家事业发展、为人民幸福安康、为社会和谐稳定、为国家长治久安提供一整套更完备、更稳定、更管用的制度体系,不断提高运用中国特色社会主义制度有效治理国家的能力。党的十八大以来,我们党根据我国传统、现实国情和长期治理经验,创造性地推进治国理政事业,形成了治国理政新理念新思想新战略,创造了不同于历史上其他社会主义国家、也不同于西方资本主义国家的治理模式,形成了相对于西方社会治理的独特优势,为治理社会主义社会积累了成功经验。这是我们党在新的历史时期治国理政的根本特征和重要创新。

中国特色社会主义为人类社会开辟了一条现代化新路

我们党围绕实现中华民族伟大复兴中国梦的目标,形成了建设社会主义现代化强国的理论，深化了对社会主义现代化建设规律的认识，为世界提供了一条不同于西方现代化的新路，为广大发展中国家提供了一条值得借鉴的成功发展之路。

在历史上，西方国家在现代化道路上先行一步，其成功经验和积极成果是对人类发展的重要贡献。但据此就认为西方道路是实现现代化的唯一可行之路、普世之路，其他国家别无选择，必须亦步亦趋，则是错误的。历史和现实都表明，西方现代化道路有其固有的矛盾弊端和制度局限性。2008年爆发的国际金融危机，从一定意义上说，也是西方现代化的危机。现在的"西方乱象"，如贫富差距悬殊、难民潮危机、民粹主义泛滥、恐怖主义猖獗、逆经济全球化暗流涌动等，都标志着西方现代化弊端重重。一些对西方现代化模式亦步亦趋的发展中国家，有的陷入"中等收入陷阱"，经济社会发展长期停滞不前；有的成为受西方国家统治和支配的"外围国家"，丧失了独立性；有的在"华盛顿共识"等方案的引诱下，或在"结构性调整计划"的猛药"医治"下陷入破产；有的在"颜色革命"中陷入政治动荡、国家分裂。

中国共产党人立足中国国情和历史传统，借鉴但不照搬其他国家和地区现代化建设的经验，走出了一条独特的现代化道路。习近平总书记指出："中国有960多万平方公里土地、56个民族，我们能照谁的模式办？谁又能指手画脚告诉我们该怎么办？对丰富多彩的世界，我们应该秉持兼容并蓄的态度，虚心学习他人的好东西，在独立自主的立场上把他人的好东西加以消化吸收，化成我们自己的好东西，但决不能囫囵吞枣、决不能邯郸学步。"中国开辟的以民族复兴为目标的社会主义现代化道路，超越了西方的现代化模式，打破了发展中国家对西方现代化的路径依赖。中国共产党和中国人民以开拓创新的勇气和坚韧不拔的毅力，把现代化的"后发劣势"转化为"后发优势"，走出了一条包括经济现代化、政治现代化、文化现代化、社会现代化、国家治理现代化的全面现代化道路。正如习近平总书记所指出的，"当代中国的伟大社会变革，不是简单延续我国历史文化的母版，不是简单套用马克思主义经典作家设想的模板，不是其他国家社会主义实践的再版，也不是国外现代化发展的翻版"。中国的社会主义现代化道路，是符合当今中国实际的鲜活的原版。中国开创的新的现代化道路，为广大发展中国家实现现代化提供了榜样和经验。

中国特色社会主义深化了对人类社会发展规律的认识

进入21世纪，中国的发展与人类社会的发展更加紧密地联系在一起。我们党围绕人类社会的发展趋势、发展目标、发展道路等，积极回答"人类社会向何处发展、怎样发展"的重大问题，提出一系列新理念新思想新战略，深化了对人类社会发展规律的认识。

当今世界正处于百年来未有之大变局中，充满了不确定性。西方金融寡头和西方国家为追求超额资本利润曾积极推动经济全球化，而今却为了自身经济利益而关门建墙，推行贸易保护主义政策。世界向何处去？人类走向何方？对此许多国际政治家和战略家都陷入焦虑、彷徨和迷惘之中。

在深刻复杂的世界大变局中，很多人把目光投向中国。中国共产党人根据当今时代人类社会发展的新形势、新特点、新问题，立足中国、面向世界，把中国发展和世界各国发展有机结合起来，既坚定不移地走中国特色社会主义道路，又把握历史发展大势、遵循人类社会发展规律，积极向人类社会提供丰盈鲜活的中国智慧、中国经验、中国方案，推动构建国际经济政治新秩序，推动经济全球化健康发展，推动解决人类社会面临的众多治理难题。中国遵循新发展理念，为人类社会发展贡献"科学发展、和平发展、包容发展、共赢发展"的新理念；倡导构建人类命运共同体，提出国际秩序新原则和人类社会发展新愿景；等等。这些都是我们党对当今时代"建设一个什么样的世界、如何建设这个世界"的创造性回答，其根本目的就是让世界更美好、让各国人民更幸福。

《人民日报》（2017年5月10日）

★ **拓展阅读**

显著优势铸就"四个自信"

一个政党、一个民族、一个国家,要实现自己的伟大梦想,首先要有自信。这种自信是出于对自身优势的正确认识,从而形成对自身发展方向和前途命运的坚定信心。可见,坚定"四个自信"离不开对自身优势的正确认识。中国特色社会主义制度是中国特色社会主义道路、理论、文化在制度层面的集中体现,对中国特色社会主义的自信必然会聚焦到对中国特色社会主义制度的自信上。党的十九届四中全会在全面阐述我国国家制度和国家治理体系13个方面显著优势后指出:"这些显著优势,是我们坚定中国特色社会主义道路自信、理论自信、制度自信、文化自信的基本依据。"这深刻揭示了我们为什么能坚定"四个自信"。

13个方面显著优势之所以能使我国国家制度和国家治理体系具有强大生命力和巨大优越性,使我们始终坚定"四个自信",是因为它具有诸多鲜明特征。

13个方面显著优势植根中国大地、具有鲜明中国特色。推进制度建设，需要研究和借鉴国外制度文明的有益成果，但不能脱离中国的基本国情和历史文化照抄照搬外国的制度模式。习近平总书记指出："设计和发展国家政治制度，必须注重历史和现实、理论和实践、形式和内容有机统一。"在政治制度上，如果看到别的国家有，而我们没有就简单认为有欠缺，要搬过来；或者，看到我们有而别的国家没有就简单认为是多余的，要去除掉。这两种观点都是简单化的、片面的，因而都是不正确的。我国国家制度和国家治理体系是以马克思主义为指导、植根中国大地、具有深厚中华文化根基、深得人民拥护的制度和治理体系，是在中国共产党和中国人民独特的实践中形成的。13个方面中的每个显著优势都具有鲜明中国特色，是几代中国共产党人在治国理政中不懈探索奋斗的结晶。

13个方面显著优势着眼于保证人民当家作主、维护最广大人民根本利益。从本质上看，我国国家制度和国家治理体系是坚持党的领导、人民当家作主、依法治国有机统一的制度。13个方面显著优势的前3个，讲的就是党的集中统一领导、人民当家作主、全面依法治国的优势。其中，既强调选举民主，又注重协商民主，这两种民主形式结合起来，就是全过程人民民主，这在世界上是独一无二的。而协商民主是我国社会主义民主政治中独特、独有、独到的民主形式，对于保证人民当家作主具有重要作用。13个方面显著优势，使得我国国家制度和国家治理体系始终保证人民当家作主、维护最广大人民根本利益。

"四个自信"是科学的自信，是建立在对共产党执政规律、社会主义建设规律、人类社会发展规律的科学把握基础之上的自信。13个方面显著优势，深刻体现了对"三大规律"的科学把握。

中国特色社会主义道路、理论、制度、文化有机统一于中国特色社会主义伟大实践，集中体现和反映了这一伟大实践所揭示的共产党执政规律、社会主义建设规律、人类社会发展规律。换句话说，中国特色社会主义道路、理论、制度、文化都是在中国共产党带领中国人民探索"三大规律"的进程中形成的，是"三大规律"的体现和反映。13个方面显著优势，不仅是中国特色社会主义道路、理论、制度、文化优势在制度建设中的集中体现，而且是我们通过艰辛探索形成的对"三大规律"的科学认识在制度建设中的集中体现。比如，"坚持党的集中统一领导，坚持党的科学理论，保持政治稳定，确保国家始终沿着社会主义方向前进的显著优势"，集中体现了对共产党执政规律的科学把握；"坚持全国一盘棋，调动各方面积极性，集中力量办大事的显著优势"，集中体现了对社会主义建设规律的科学把握；"坚持独立自主和对外开放相统一，积极参与全球治理，为构建人类命运共同体不断作出贡献的显著优势"，集中体现了对人类社会发展规律的科学把握。

> 制度自信

以辩证思维推进治理现代化

完善和发展中国特色社会主义制度、推进国家治理体系和治理能力现代化，必须在思想理论上保持清醒，从中国实际出发，树立辩证思维，正确处理现代与传统、民主与权威、自由与秩序的关系。

处理好现代与传统的关系。在现代化理论研究中，越来越多的人认识到，现代化要有现代性，但现代性不等于现代化。由于经验和认识的局限，很多人起初以为现代化就是西方化。后来人们认识到，西方国家的现代化经验应该重视，但不能照抄照搬。现代性是同传统性相对应的范畴，现代化国家是具有现代性的国家。

一个有着悠久历史传统的国家在借鉴较早实现现代化国家的现代性经验时，能不能割断自己的历史脉络、完全否定自己的传统呢？当然不能。就是较早实现了现代化的国家，如英国、法国、美国，其国家体制也不完全一样。一个成功的现代化国家，总是善于在尊重传统的基础上发展现代性，在拓展现代性的过程中扬弃传统。例如，民主、法治是实现国家治理现代化的现代性元素。党的十八大以来，我们大力发展社会主义协商民主，坚持党的领导、人民当家作主、依法治国有机统一，既传承中华优秀传统文化，又发展现代民主、法治，在扬弃的基础上推进国家治理现代化。只有这样发展起来的民主、法治以及现代化，才能在中国大地上生根、成长、开花、结果。

处理好民主与权威的关系。在一个利益多元社会，尤其在一个信息化快速推进的多元社会，完善和发展中国特色社会主义制度、推进国家治理体系和治理能力现代化，必然需要发展民主、健全法治。但是，自从民主来到世上，就常常被极端民主化、无政府主义、民粹主义等社会思潮扭曲或假冒，甚至引发社会动荡。其中，一个重大误解是，认为民主与权威相对立，民主是反权威的。实际上，恩格斯早在《论权威》一文中就深刻指出："把权威原则说成是绝对坏的东西，而把自治原则说成是绝对好的东西，这是荒谬的。权威与自治是相对的东西，它们的应用范围是随着社会发展阶段的不同而改变的。"当然，也不能过分夸大权威的作用。驱动民主和法治两个轮子推进国家治理现代化，必须正确处理民主与权威的关系。

处理好自由与秩序的关系。把自由作为我国社会主义核心价值观的重要内容，体现了我们党对马克思主义自由理想的追求。推进社会主义现代化进程中，完善民主也好，健全法治也罢，最终都是为实现和保障人民群众的自由。然而，自由同样常常被人误读，其中之一就是把自由与秩序对立起来，把实现国家治理现代化解读为追求绝对自由而不要秩序；一讲秩序，尤其是建立规范的秩序，就认为是限制自由。

西方一些人，在自己的国家大讲秩序，对中国建立秩序的努力则大肆攻击，这是毫无道理的。在一个有14亿多人口的发展中国家，没有秩序就不可能有可靠的自由和民主，只能出现无序和混乱。顺利推进国家治理现代化，必须妥善处理自由与秩序的关系，建设一个既有活力又有秩序的社会。

我们对自己的制度充满自信

张维为

在长期社会主义建设和改革发展实践中,中国共产党带领中国人民逐渐探索出一套适合中国国情、具有旺盛生命力的制度安排。中国特色社会主义制度是人类制度文明发展的重要成果,它符合中国国情、具有独特优势。这一套制度的独特性表现在许多方面,如在政党制度方面,中国拥有一个强有力的领导核心即中国共产党,它发挥着总揽全局、协调各方的作用;在民主制度方面,中国实行独有的协商民主制度,包括决策领域的民主集中制;在组织人事制度方面,中国通过有效选拔人才,实现选贤任能;等等。这些独具中国特色的制度安排,成为中国迅速发展的重要保证,也是中国特色社会主义不断开辟新境界的重要制度保证。

代表人民整体利益的政党

在政党制度方面,中国坚持中国共产党领导下的多党合作和政治协商制度,中国共产党发挥领导核心作用。许多西方学者认为这种制度不符合西方界定的所谓"民主"。尽管中国的迅速发展已成为不争的事实,但他们还是无法理解中国的这种政党制度安排,因为中国共产党领导下的多党合作和政治协商制度独具中国特色,它既不同于西方国家的两党或多党制,也有别于有的国家实行的一党制。事实上,中国发展取得巨大成就,很大程度上就是因为包括中国政党制度在内的一系列制度安排起到了关键作用。

中国共产党是代表整个国家和中国最广大人民根本利益的政党。中国共产党和西方政党的内涵完全不同。如今,西方的政党理论日益教条化,它认为一个社会由不同利益集团组成,各个利益集团都有自己的代表,因此就要实行多党制。各个政党都代表不同群体的利益,然后通过竞选和票决,得票多的党获胜,一个多元社会就这样通过票数完成从分化到整合的过程。但实际上,这样的设计往往过于理想化。从西方国家政治运行的现实看,投票反而扩大了社会分歧。一些非西方国家采用西方模式后之所以纷纷失败,也是因为一旦社会这样"分"了之后,就再也"合"不起来了。从这个角度看,中国共产党是代表人民群众整体利益的党,而西方政党则只是代表部分社会群体利益的党。虽然一些西方政党也宣称自己代表国民的整体利益,但西方国家的多种民调结果表明,多数民众认为自己国家的政党被特定利益群体所操控,代表不了大多数民众的整体利益。

西方国家的一些民调还显示，中国的中央政府在民众中的威望很高。例如，美国皮尤研究中心等机构进行的民调发现，中国民众对政府的支持率远远高于西方政府在西方民众中的支持率。一些对中国抱有偏见的人总是盼望改变中国的政党制度，这是脱离中国民情和国情的误判。坦率地说，由一个只代表部分人利益的政党执政，然后每四年或五年换代表另一部分人利益的另一个党来执政，这样的政党制度安排在西方国家似乎天经地义，在中国则是不可思议的。

中国共产党及其领导人一直有"天降大任"的思想传承。这个党有自己独特的使命观，它代表着一种即使在内忧外患下跌入低谷也要奋力崛起的担当和文化。中国共产党不仅要对国家的发展和百姓的福祉负责，而且要对自己民族文明的延续负责。正如习近平总书记所指出的："我们党从成立那天起，就肩负着实现中华民族伟大复兴的历史使命。我们党领导人民进行革命建设改革，就是要让中国人民富裕起来，国家强盛起来，振兴伟大的中华民族。"

相比较而言，西方政治模式下的政党，大多数只能算是部分利益党，甚至是选举游戏党。与中国共产党不同，这些政党大都不对自己国家的整体利益承担终极责任。例如，在一些国家，不同政党选来选去，他们的政策主张可能互相冲突，但究竟哪种政策对国家长远发展有利，这些政党并不多加考虑，以至于最后在决策时又去依赖某些西方大国，失去自己的独立性。相比之下，中国的执政党则自觉对中华文明的兴衰负终极责任。

中国也学习西方政党制度的一些有益经验，建立强大的现代政党体系，但同时又拥有独特的政治文化传统，两者的结合使我们可以超越西方政党模式，克服其带来的问题。中国共产党坚持全面从严治党，不断提高党的领导水平和执政水平，确保党始终成为中华民族伟大复兴的坚强领导核心。习近平总书记说"中国是一个大国，不能出现颠覆性错误"，讲的就是这个道理。如果出现了颠覆性错误，任何国家都没有能力帮助中国恢复稳定。

民众广泛参与的协商民主

在民主制度方面，社会主义协商民主是我国人民民主的重要形式。政党协商、人大协商、政府协商、政协协商、人民团体协商、基层协商和社会组织协商，这些协商民主渠道保证了广大人民群众有序政治参与。这种协商民主的广度和深度，是世界上其他国家无法比拟的。在西方国家，民主主要表现在政治领域内，尤其是国家定期举行的最高领导人选举。中国之所以采取协商民主这种形式，很大程度上是由中国国情所决定的。中国人口规模大、疆域广阔，意味着中国需要更具包容性和整合力的民主制度。在中国这么大的国家里，一个决定哪怕只有 10% 的人反对，那也是 1.4 亿人反对。所以，总体上中国不宜采用简单票决制中赢者通吃的方法，而应围绕改革发展稳定的重大问题和涉及群众切身利益的实际问题，在决策前和决策实施中开展广泛协商，努力达成共识。

中国获得巨大发展成就的一个重要原因，是中国的决策能够考虑国家和人民的整体和长远利益。中国的战略规划和实施能力大概是世界上最强的。一个接一个五年计划或规划的顺利制定和执行，就是一个很好的例子。西方人经常感叹，西方的公司都有短、中、长期的规划，但西方国家几乎没有这样的规划。在很大程度上，这是由多党竞选制度造成的，一个政党所制定的规划，换了一个政党来执政就难以延续。中国今天已经形成谋定而后动的共识，形成民主集中制的决策制度，以及从群众中来、到群众中去等一系列具体的程序和方法。协商民主广泛多层制度化发展，程序合理、环节完整的社会主义协商民主体系得以进一步完善。从中国发展的实践来看，中国民主决策的总体质量越来越高。

协商民主和决策制度涉及的范围之广、内容之丰富、形式之多样、过程之复杂，都是西方人难以想象的。改革开放以来，我们在实行广泛协商民主的基础上进行集中，取得了比较好的效果，成功制定和实施了国家发展规划。中国今天无疑已经成为世界上最能做长远规划的国家，也是最能落实长远规划的国家。以五年规划的制定为例，它需要相当长时间进行成百上千次各个层面的磋商和咨询。正因为经过了这样一个过程，中国宏观决策的合法性和可行性总体上高于许多西方国家的决策。在美国，一个重要的决策，如奥巴马的医疗改革，往往是在极小圈子里各种利益团体讨价还价的结果。最后形成的决定和文件冗长烦琐，执行力很差，不得不靠一批公关公司向公众"出售"，最终还可能成为一纸空文。

还应注意到，中国一个地方的发展规划也好、国家的五年规划也好，上上下下的咨询和磋商，媒体和网络上对各种相关议题的讨论，这个过程本身就是一个民众参与国家治理的过程。这个过程同时还创造了大量发展需求，而且很多是中长期的需求。与西方许多国家无法进行中长期规划的情况相比较，中国的制度安排显然值得我们自信。

有效选拔人才的组织人事制度

在组织人事制度方面，中国可以做到更大程度上的选贤任能。事业成败关键在人的思想，在中国政治文化传统中源远流长。中国古代就有"治国之道，务在举贤""为政之要，惟在得人，用非其人，必难致治"的说法。从某种意义上说，这也是中国政治中的一种深层次的文化心理，从百姓到干部在心理上都认为治国必须靠人才。像西方那样，能言善辩就可以竞选当总统，与中国政治文化并不相符。在中国，整个国家从上到下大致建立了一整套可以被称为"选拔＋一定形式的选举"的组织人事制度。干部晋升必须经过初步考察、征求意见、民调、评估、投票、公示等严格程序。在今天全面从严治党的背景下，干部选拔任用的条件和程序更为严格。

中国这种人才选拔制度与西方模式根本不同。从中国的视角看，一个政权的性质及其合法性，应该由其实质内容来判断，这种实质内容就是能否实行良政善治，能否拥有勤政能干的领导人，能否使多数民众有获得感、幸福感、安全感。根据美国皮尤研究中心的民调，在2016年受访的中国民众中，高达82%的人对国家发展方向表示乐观，这一比例远远超过其他参与调查的国家。尽管中国的选人用人制度还存在诸多不足，但它确实在选拔人才方面发挥了带动中国发展的作用，并实际地改善了大部分百姓的生活水平。

中国最高领导机构的候选人几乎都有长期担任地方领导或其他相应工作的历练。在中国，即使治理一个省的工作，对主政者才干和能力的要求都是很高的，因为中国一个省的平均规模几乎是欧洲四五个国家的规模。很难想象，在中国这种用人制度下，能力低下的领导人能够进入国家最高领导层。

有人迷信西方选票选人的模式。但实际上，西方的这种选人模式有可能让不合格候选人出局，但也很可能选不出真正能力强的人。从西方选举实践来看，一方面真正有才干的人可能没有机会或不愿意参加竞选；另一方面，政府官员的任命受到"政党分赃制"影响。选举获胜的国家首脑会用一些职位来回报竞选"金主"或关系密切者，这就会根据政治利益而非能力来任命公职人员。政府官员中许多人没有太多从政经验，有的甚至将家人任命为政府高级顾问，富人当政的现象也广受批评。然而，中国选贤任能的政治传统，追求选拔出尽可能卓越的领导人。这在实践中当然有很大难度，但中国共产党通过不断创新，深化干部人事制度改革，逐渐完善人才选拔体制机制，坚持正确用人导向，纠正"唯票、唯分、唯国内生产总值、唯年龄"的选人用人偏向，着力整治用人上的不正之风，优化选人用人环境，出台领导干部能上能下规定等。这种制度安排在很大程度上实现了选出执政能力强的领导人与确保不合格候选人出局的结合。

中国制度的优越性还体现在很多方面。随着中国特色社会主义制度更加成熟、更加定型，中国的制度优势和制度潜力将不断得以发掘，中国人民的制度自信将日益增强。

《人民日报》（2017年8月27日）

★ 拓展阅读

社会主义代替资本主义是历史总趋势

世界社会主义的500年,从1516年莫尔发表《乌托邦》这一社会主义思想源头开始,到1848年马克思、恩格斯《共产党宣言》的发表,到俄国十月革命在一个经济文化比较落后国家率先走上社会主义道路,再到中国特色社会主义道路、理论、制度、文化的发展,是一个波澜壮阔的历史过程。500年历史回顾,有利于深化对"只有社会主义才能救中国,只有中国特色社会主义才能发展中国"这一论断的认识,也有利于深化对人类社会发展大趋势的正确把握。

邓小平同志说过:"社会主义经历一个长过程发展后必然代替资本主义。"在这里,一是"长过程发展",另一是"必然代替",这两个关键词,深刻揭示了世界历史发展的大势,深刻体现了马克思主义的"两个必然"和"两个决不会"思想,深刻揭示了社会主义500年的思潮、运动和制度发展的历史逻辑。

在《共产党宣言》中,马克思、恩格斯指出:"资产阶级的灭亡和无产阶级的胜利是同样不可避免的。"这是马克思、恩格斯运用唯物史观分析资本主义发展规律得出的科学结论。《共产党宣言》发表后，席卷欧洲的1848年革命爆发。马克思、恩格斯极为关注这场斗争，认为这是可能为社会主义革命扫清道路和准备基础的革命。然而，无产阶级革命在欧洲并没有很快发生。马克思、恩格斯对此作了反思，认为"在这种普遍繁荣的情况下，即在资产阶级社会的生产力正以在整个资产阶级关系范围内所能达到的速度蓬勃发展的时候，也就谈不到什么真正的革命。只有在现代生产力和资产阶级生产方式这两个要素互相矛盾的时候，这种革命才有可能"。这就是马克思、恩格斯进一步提出"两个决不会"思想的缘由。1859年马克思在《〈政治经济学批判〉序言》中提出："无论哪一个社会形态，在它所能容纳的全部生产力发挥出来以前，是决不会灭亡的；而新的更高的生产关系，在它的物质存在条件在旧社会的胎胞里成熟以前，是决不会出现的。"可以认为，"两个必然"揭示的是人类历史发展趋势的问题，"两个决不会"探索的是社会主义代替资本主义过程长期性的问题。"两个决不会"的提出，使马克思主义关于社会主义代替资本主义的必然性理论更加完整。

历史是最好的教科书。社会主义500年的历史演进，特别是科学社会主义160多年的发展昭示，"两个必然"和"两个决不会"论断的内在统一性，体现于科学社会主义发展及其主题之中。

19世纪40年代后半期至90年代中期，是科学社会主义基本理论形成和完善的阶段。马克思、恩格斯揭示了资本主义时代无产阶级革命和解放的根本性质和历史使命，对资本主义发展的历史趋势作出科学论述。这时，科学社会主义是以资本主义必然被社会主义所取代为理论主题的。

19世纪末到20世纪50年代中期，是科学社会主义基本原理运用于实际的阶段。在坚持社会主义必然代替资本主义理论主题的基础上，科学社会主义增加了社会主义如何取代资本主义，特别是如何在一个经济文化落后国家取代资本主义的新内涵。列宁从20世纪初期全世界资本主义总的情况的高度，得出了垄断是资本主义发展的最新阶段等论断，对像俄国这样经济文化落后的国家如何从资本主义向社会主义过渡问题作了理论和实践上的回答。俄国十月革命的胜利，开创了社会主义如何代替资本主义新的历史进程。在俄国十月革命的影响下，中国共产党人以马克思列宁主义为指导，密切结合中国社会发展的实际，联系世界政治经济格局的变化，在中国的新民主主义革命和社会主义革命的实践中，同样对科学社会主义主题的新内涵作出了重要的理论创新。这主要集中于无产阶级如何夺取政权、如何建立和巩固人民政权、如何实现向社会主义的过渡等基本问题上。

20世纪50年代中期以来，科学社会主义进入了社会主义建设、改革的新阶段。科学社会主义在关于必然取代和如何取代资本主义主题的基础上，增加了社会主义如何在与资本主义长期并存中发展自身并最终代替资本主义的新内涵。这里讲的"并存"，既有交流、合作，又有矛盾、冲突。尤其是20世纪60年代后，世界许多社会主义国家进行了经济体制改革，探索社会主义计划经济和市场经济关系，探索借鉴、利用资本主义经济体制和机制中的合理因素等问题，社会主义和资本主义之间交流和合作的空间得到极大拓展。现在，对于社会主义来说，不只涉及两种不同社会制度继起性，还涉及两种不同社会制度的空间并存性。时间继起性是空间并存性的前提，空间并存性是时间继起性的过程形式，社会主义和资本主义的并存，并没有也不可能改变资本主义的历史命运。只有将两者结合起来，才能对当前的社会主义理论与实践作出科学理解。

运用"两个必然"和"两个决不会"相统一的观点来认识当代资本主义的走向，既要看到它必然被社会主义所代替的历史趋势，又要看到它的生产力的容量还有进一步释放的余地。正如列宁所说："设想世界历史会一帆风顺、按部就班地向前发展，不会有时出现大幅度的跃退，那是不辩证的，不科学的，在理论上是不正确的。"始自2008年美国次贷危机的全球金融危机和由此引发的2011年席卷全球的"占领"运动，就是资本主义基本矛盾尖锐爆发的新的表现，反映了当代资本主义经济、政治、意识形态等方面的深刻矛盾。同时，我们要深刻认识资本主义社会的自我调节能力，充分估计西方发达国家在经济、科技、军事上还将长期占据优势的客观现实，切实把握两种社会制度长期并存中的各种复杂情况和问题，在坚持和发展中国特色社会主义过程中，对科学社会主义主题作出中国共产党人的回答。

> 制度自信

法与时转则治

坚持全面依法治国，建设社会主义法治国家，切实保障社会公平正义和人民权利，是我国国家制度和国家治理体系的显著优势之一。我国社会主义法治凝结着我们党治国理政的理论成果和实践经验，是制度之治最基本、最稳定、最可靠的保障。随着我国经济社会不断发展，人民生产生活方式不断变化，社会各方面利益关系不断调整，调节社会关系的法也需要与时俱进。中国特色社会主义实践向前推进一步，法治建设就要跟进一步。

法与时转则治，治与世宜则有功。实现善治，要求法治建设与时俱进，根据治国理政理论和实践的创新发展不断发展完善。改革开放以来特别是党的十八大以来，我们党在治国理政方面进行深入探索，取得一系列理论创新和实践创新成果。我们党将全面依法治国纳入"四个全面"战略布局，以法治方式推进国家治理体系和治理能力现代化，为解放和增强社会活力、促进社会公平正义、维护社会和谐稳定、确保党和国家长治久安发挥了重要作用。在实践中，中国特色社会主义法治体系不断发展完善、日益成熟定型。

法治理论创新和实践创新，必须结合我国改革开放实践中出现的新情况、新问题来推进，积极回应人民群众对美好生活的新期待。如今，坚持以人民为中心的发展思想已经充分体现在立法、执法、司法、守法等法治建设的各个环节。比如，在立法环节，为回应人民群众关心的看病难、传染病防控等问题，2020年6月1日起实施基本医疗卫生与健康促进法。第十三届全国人大三次会议审议通过的《中华人民共和国民法典》，在制度和规则设计上，致力于回应人民群众日益广泛的权益需求。

中国特色社会主义制度是党和人民在长期实践探索中形成的科学制度体系，我国国家治理一切工作和活动都依照中国特色社会主义制度展开，我国国家治理体系和治理能力是中国特色社会主义制度及其执行能力的集中体现。我国法治建设体现并保障制度之治。党的十九届四中全会提出13个方面的制度建设任务，坚持和完善中国特色社会主义法治体系是其中之一，并与其他制度建设任务紧密联系。一方面，法治体系是其他制度的保障，其他制度要发挥优势、体现治理效能，需要程序化、规范化、法治化。另一方面，法治体系需要紧密联系其他制度，吸收其他制度运作的理论成果和实践经验，不断与时俱进。

党的十九大报告将坚持新发展理念确定为新时代坚持和发展中国特色社会主义的基本方略之一，强调"必须坚定不移贯彻创新、协调、绿色、开放、共享的发展理念"。这一理念在我国法治建设中得到充分体现，推动中国特色社会主义法治理论和实践不断深化。例如，在创新发展方面，法治保护知识产权，促进和保障科技创新、制度创新；在协调发展方面，法治体系的内部协调性不断增强，同时有力保障经济建设、政治建设、文化建设、社会建设、生态文明建设"五位一体"统筹推进；在绿色发展方面，民法典在立法中融入绿色原则，加强对生态环境的保护，促进节约资源；等等。我国法治建设以我们党治国理政的新理念、新思想、新战略为指引，不断回应实践发展的要求，持续焕发勃勃生机。

法治中国建设的历史性跨越

姜明安

党的十一届三中全会开启了我国改革开放的伟大征程,也开启了建设中国特色社会主义法治体系、建设社会主义法治国家的伟大征程。改革开放既产生了对社会主义法治的迫切需求,也形成了推进社会主义法治建设的强大动力;依法治国为改革开放的不断深化提供制度规范和法治保障,促进改革开放沿着正确方向不断前进。改革开放的40年,是依法治国不断深化、法治中国走向成熟的40年。

加强社会主义法制成为党的一项方针

中华人民共和国一成立,我们党就高度重视国家的法制工作。在百废待兴、国家建设任务繁重的情况下,不仅制定了"五四宪法",颁布了婚姻法,还出台了许多国家机关的组织法和各种行政管理法规。但后来由于受错误思想影响，我国法制建设走了一段弯路。"文化大革命"之后，邓小平同志认真总结我们党在治国理政上的经验教训，指出"现在的问题是法律很不完备，很多法律还没有制定出来"。他已经深刻意识到国家治理必须具有稳定性和连续性，并明确提出"为了保障人民民主，必须加强法制。必须使民主制度化、法律化，使这种制度和法律不因领导人的改变而改变，不因领导人的看法和注意力的改变而改变"。

党的十一届三中全会作出"全党把工作着重点转移到社会主义现代化建设上来"的重大决策，并提出"必须加强社会主义法制""做到有法可依，有法必依，执法必严，违法必究"。这标志着加强社会主义法制已经成为我们党的一项方针。我们党遵循社会主义法制原则，不断完善民主法制，以政策和法制手段协同推进国家治理。党的十一届三中全会后仅仅半年，第五届全国人民代表大会第二次会议就通过了地方各级人民代表大会和地方各级人民政府组织法、全国人民代表大会和地方各级人民代表大会选举法、人民法院组织法、人民检察院组织法、刑法、刑事诉讼法和中外合资经营企业法等多部法律。1982年通过的宪法正式写入社会主义法制的基本原则，规定国家维护社会主义法制的统一和尊严；一切国家机关和武装力量、各政党和各社会团体、各企业事业组织都必须遵守宪法和法律。可以看出，我们党已经认识到法制在治国理政中的重要地位，并在各项工作中更加强调运用法治手段。

当时，虽然加强社会主义法制已成为党的一项方针，但由于社会主义法制建设还处于初期阶段，我们党对法制与改革开放、与社会主义现代化建设关系的理论认识也刚刚起步，许多问题的处理还必须同时依靠法制之外的其他方法，加强社会主义法制不可能一步到位。既靠政策，又靠法制，向法制"逐步过渡"，这是由当时整个国家的政治、经济、社会条件决定的。比如，当时的立法数量还不能充分满足依法办事的需要，人民群众的法治意识和法律素质还不适应全面实行法治的要求。社会主义法制必然要经历一个逐步建立健全的历史过程，不可能一蹴而就。

依法治国成为党领导人民治理国家的基本方略

进入20世纪90年代，随着社会主义市场经济体制的逐步确立，面对深化改革、扩大开放的客观需要，社会主义法制建设按下快进键、进入快车道。公司法、担保法、国家赔偿法、行政处罚法等一大批适应改革开放要求的法律法规相继出台。扎根于改革开放和社会主义现代化建设的伟大实践，紧紧围绕党和国家工作大局和奋斗目标，社会主义法制建设深入推进。在这一时期，我们党对法治运行规律的把握不断深化，认识到依法治国对推动经济持续健康发展和社会全面进步、保障国家长治久安都具有十分重要的意义，将实行和坚持依法治国、建设社会主义法治国家确立为我国整个社会主义现代化建设事业的一个重要部分。

这一时期，我们党对依法治国理论和实践的认识达到一个新高度，这集中反映在1997年党的十五大报告中。虽然在此之前，已经有多个党和政府的重要文件提出了依法治国的概念，但党的十五大报告以更为权威的形式系统全面地阐述了我们党的依法治国理论,指出:依法治国,就是广大人民群众在党的领导下,依照宪法和法律规定,通过各种途径和形式管理国家事务,管理经济文化事业,管理社会事务,保证国家各项工作都依法进行,逐步实现社会主义民主的制度化、法律化。报告将依法治国提到非常重要的地位,强调依法治国是党领导人民治理国家的基本方略,是发展社会主义市场经济的客观需要,是社会文明进步的重要标志,是国家长治久安的重要保障。随着"依法治国,建设社会主义法治国家"于1999年写入宪法、2002年写入党章,依法治国作为我们党领导人民治理国家基本方略的地位从根本上得到确认,建设社会主义法治国家的奋斗目标日益明确。

从提出加强社会主义法制到实行依法治国、建设社会主义法治国家,在党的领导下,法治中国建设进入蓬勃发展的新阶段。实行依法治国、建设社会主义法治国家是一项复杂的系统工程,在立法、执法、司法和普法教育等方面都有大量工作要做。我们党团结带领人民,从理论和实践结合上进行了不懈探索。全国人大相继制定行政许可法、行政强制法等体现依法治国要求、规范国家治理行为的一大批法律,着力完善中国特色社会主义法律体系。2004年,国务院颁布《全面推进依法行政实施纲要》,确立了建设法治政府的目标和要求。最高人民法院推出四个五年改革纲要,最高人民检察院落实检察改革三年实施意见,持续推动司法体制改革,努力建设公正高效权威的社会主义司法制度。一系列全面落实依法治国基本方略、扎实推进社会主义法治国家建设的改革举措纷纷出台,我们党对如何依法治国、建设社会主义法治国家的理论认识更加科学、更加全面，在立法、执法、司法、普法等法治实践领域也积累了宝贵经验，中国特色社会主义法治道路越走越宽广。

全面依法治国成为中国特色社会主义的本质要求和重要保障

党的十八大以来，法治中国建设取得历史性成就。党的十八大报告作出了全面推进依法治国的战略部署，首次提出法治是治国理政的基本方式。从方针到方略、方式，从加强法制到依法治国再到全面依法治国，我们党对全面依法治国与改革开放伟大实践、与社会主义现代化建设、与中国特色社会主义伟大事业之间密切关系的认识不断深化，对社会主义法治建设规律的把握日益深入。

以习近平同志为核心的党中央，围绕全面建成小康社会的战略目标，确立全面深化改革、全面依法治国、全面从严治党三大战略举措，形成"四个全面"战略布局，全面依法治国在中国特色社会主义整体发展战略中处于四梁八柱的基础性地位。无论是在改革开放40年的历程中，还是在中国现代化的百年征途上，抑或在世界社会主义500年演进中，提出全面依法治国的战略举措都具有非凡的意义，标定了法治中国建设新的里程碑。党的十八届三中、四中全会分别对推进法治中国建设、全面推进依法治国作出部署，全面依法治国领域重点难点改革稳步推进，解决了许多长期想解决而没有解决的难题，办成了许多过去想办而没有办成的大事。

实践发展永无止境，理论创新永无止境。党的十八大以来，我们党形成了关于全面推进依法治国的规律性认识，提出全面推进依法治国，就要在中国共产党领导下，坚持中国特色社会主义制度，贯彻中国特色社会主义法治理论，形成完备的法律规范体系、高效的法治实施体系、严密的法治监督体系、有力的法治保障体系，形成完善的党内法规体系，坚持依法治国、依法执政、依法行政共同推进，坚持法治国家、法治政府、法治社会一体建设，实现科学立法、严格执法、公正司法、全民守法，促进国家治理体系和治理能力现代化。

党的十九大报告提出中国特色社会主义进入新时代，这不仅明确了我国发展新的历史方位，也明确了全面推进依法治国、建设社会主义法治国家新的历史方位。报告提出全面依法治国是中国特色社会主义的本质要求和重要保障的重大论断。将全面依法治国与中国特色社会主义的本质联系起来，意味着坚持中国特色社会主义就必须坚持全面依法治国。要实现经济发展、政治清明、文化昌盛、社会公正、生态良好，必须更好发挥法治的引领和规范作用。报告将坚持全面依法治国确立为新时代坚持和发展中国特色社会主义的十四条基本方略之一，反映了新时代坚持和发展中国特色社会主义、全面深化改革开放的内在逻辑要求。习近平新时代中国特色社会主义思想包含一系列全面依法治国新理念新思想新战略，不仅是改革开放以来中国特色社会主义法治理论集大成式的最新成果，也是我们在推进社会主义现代化建设、实现中华民族伟大复兴的历史征途上坚定不移厉行法治、建设社会主义法治国家的思想之基和动力之源。

回顾历史,改革开放以来党和国家事业取得的历史性成就和进步,离不开依法治国的全面有效实施。中国共产党领导中国人民接力推进法治中国建设的过程如此艰辛,也如此壮阔。从新的历史起点再出发,把改革开放继续推向前进,续写新的辉煌,实现中华民族伟大复兴的中国梦,需要我们按照党的十九大绘就的全面依法治国新蓝图,继续深化依法治国实践,推进法治中国建设。

《人民日报》(2018 年 9 月 26 日)

★ 拓展阅读

善于运用制度和法律治理国家

更好发挥中国特色社会主义国家制度和法律制度的优越性，推进国家治理体系和治理能力现代化，需要增强按制度办事、依法办事意识，善于运用制度和法律治理国家，提高运用制度和法律治国理政的能力，把制度优势转化为治理效能。

完善制度和法律是全面深化改革的重要目标，运用制度和法律解决问题又是全面深化改革的重要方法。在全面深化改革中，必须高度重视运用法治思维和法治方式，发挥制度和法律的引领和推动作用，提高运用制度和法律全面深化改革的能力。

随着改革的深入推进，当前的全面深化改革日益成为涉及经济社会发展各领域的复杂系统工程。这就要求我们坚持顶层设计与摸着石头过河有机统一，不断提高改革决策的科学性，不断增强改革的系统性、整体性、协同性。让顶层设计真正发挥作用，就要运用制度和法律来加强顶层设计。无论是国家层面，还是各个地区、各个部门，都应做到善于依据制度和法律确定改革的方向、任务、程序，制定改革方案，善于以制度和法律的形式保障改革措施落地见效，始终做到重大改革于法有据。

制度和法律不仅要在宏观上有效支撑改革的顶层设计，而且要在微观上有效规范改革的具体过程。无论是调整经济结构、转变经济发展方式，还是推进供给侧结构性改革，推进政府简政放权、深化"放管服"改革，或者是地方的试点探索、先行先试，都应注重建章立制、形成规则，确保改革有序进行，并为完善相关制度和法律积累经验。比如，有些改革举措虽然不与法律相抵触，但也没有法律为其提供直接依据。推出该项改革措施的地方、部门就可根据法治的基本原则与改革发展的实际需要，出台地方性法规、部门规章或者其他规范性文件，进行相应规范，使改革有所遵循，防止改革偏离法治方向。

改革只有进行时，没有完成时。但改革是有目标、有步骤、分阶段进行的。改革每向前推进一步，都应及时总结经验和规律，梳理和分析相关制度与规则运行的实际情况，确定哪些改革措施是成功的，具有可推广、可复制的价值；哪些改革中出现的困难和障碍是由制度和规则问题引起的。然后，立足现实条件，运用立、改、废、释等形式，把改革中形成的有益经验上升为制度和法律，使改革成果制度化、法律化，也为下一阶段的改革实践提供依据，引领改革不断走向深入。

新时代我国要持续健康发展，必须坚持新发展理念，实现更高质量、更有效率、更加公平、更可持续的发展，不断在高质量发展上迈出坚实步伐。制度和法律在促进和保障高质量发展方面具有重要作用,能够为高质量发展提供坚实法治支撑、营造良好法治环境。

运用制度和法律确保发展坚持以人民为中心。发展必须是始终坚持以人民为中心的发展,在发展实践中做到坚持人民主体地位,贯彻党的群众路线,努力为人民创造更美好、更幸福的生活。这就要求我们把实现好、维护好、发展好最广大人民根本利益贯彻到制度设计和法治建设的各个层面、各个环节,通过制度和法律保障人民群众积极参与发展进程、充分发挥智慧和力量、共享改革发展成果。比如,完善政务公开、基层协商、群众自治、重大行政决策程序等制度及相关法律法规,通过制度和法律的规范,促进以人民为中心的发展思想有效转化为实践成果,不断增强人民群众的获得感、幸福感、安全感。

运用制度和法律保障新发展理念的贯彻落实。不仅要善于将新发展理念融入调整经济、政治、文化、社会、生态文明等各领域关系的制度和法律之中,而且要通过严格执法、公正司法确保相应制度和法律有效实施,坚决纠正、彻底摒弃不适应、不适合甚至违背新发展理念的行为和做法。2018年,十三届全国人大一次会议通过了《中华人民共和国宪法修正案》,将新发展理念写入宪法序言,为运用制度和法律保障新发展理念的贯彻落实提供了国家根本法依据。我们要注重将新发展理念融入法治建设进程,从经济社会发展需要出发,用法律引导预期、明确方向、规范行为、加强监管,坚决端正发展观念、转变发展方式、提升发展质量和效益。

当前,人民美好生活需要日益广泛,不仅对物质文化生活提出了更高要求，而且在民主、法治、公平、正义、安全、环境等方面的要求日益增长。这就要求我们坚持依法治国、依法执政、依法行政共同推进，法治国家、法治政府、法治社会一体建设，着力提高运用制度和法律促进社会公平正义的能力。

运用制度和法律营造良好市场环境。社会主义市场经济是法治经济，法治是社会主义市场经济的内在要求。必须坚持以保护产权、维护契约、规范市场、公平竞争等为导向，为发展社会主义市场经济营造更加公平正义的法治环境。要切实保护各类市场主体合法权益，健全和完善一系列有利于实现产权有效激励、要素自由流动、价格反应灵活、竞争公平有序、企业优胜劣汰的重要制度和法律。比如，全面实施市场准入负面清单制度，清理废除妨碍统一市场和公平竞争的各种规定和做法，有效激发各类市场主体活力，保证各种所有制经济依法平等使用生产要素，公开公平公正参与市场竞争，同等受到法律保护。

运用制度和法律提升基本公共服务水平。近年来，我国围绕保障民生、加强和创新社会治理抓好立法工作，及时回应人民群众诉求、维护人民群众利益。但与人民群众的期待相比，与法治社会建设的要求相比，一些制度和法律还存在短板和不足。应从现实条件出发，以问题为导向，充分听取各方面意见，更好协调各种利益关系，健全和完善相关制度和法律，更加有效地提升基本公共服务的水平和效率。

运用制度和法律化解纠纷、保护权利。当前，司法体制综合改革不断深入，大调解工作体系、多元纠纷解决机制逐步建立，兼顾了实体公正与程序公正、司法公正与社会公正，有效促进了社会公平正义。随着改革进入攻坚期和深水区，各种矛盾将更为复杂多变。这就要求我们适应客观需要健全和完善相关制度和法律，进一步提升运用制度和法律化解纠纷、保护权利的能力，维护社会和谐稳定，更好满足人民群众对公平正义的新期待。

 制度自信

激发制度创新的内生动力

制度创新既是一个理论问题,也是一个实践问题。激发制度创新的内生动力,把我国制度优势更好转化为国家治理效能,不断推进国家治理体系和治理能力现代化,是一个需要深入思考和探索实践的重大课题。

制度创新的内生动力一般有两个来源:一个是实践层面的问题导向,另一个是理论层面的顶层设计。问题导向为制度创新带来活力,顶层设计为制度创新确定框架。纵观我国改革开放40多年的发展历程,我们正是以实践中存在的突出问题为突破口,不断解决改革开放中的一个个难题,而在此基础上的系统梳理和总结升华,又为理论突破、顶层设计奠定基础;在顶层设计的引领下,改革开放以更坚定的步伐向前推进。正是始终坚持"摸着石头过河"与顶层设计相结合,改

革开放取得巨大成就，中国特色社会主义制度不断完善和发展。

坚持问题导向推进制度创新，是坚持和完善中国特色社会主义制度、推进国家治理体系和治理能力现代化的重要动力机制。一方面，从小范围的自发探索开始，由点及面、以小见大，及时总结实践中的好经验、好做法，将成熟的经验和做法及时上升为制度、转化为法律，这是中国制度创新的重要路径。另一方面，制度创新通常以解决问题为导向，在这个过程中，渐进试错、不断尝试和学习，最终走向成功。例如，公共卫生属于典型的市场失灵领域，需要通过合理的公共财政投入来健全公共卫生体系。抗击新冠肺炎疫情，让人们认识到现有公共卫生体系存在的短板和不足，这为国家公共卫生应急管理体系的改革与完善提供了重要契机。坚持从我国国情出发，继续加强制度创新，加快建立健全国家治理急需的制度、满足人民日益增长的美好生活需要必备的制度，这是今后的努力方向。

同时，以理论突破为基础的顶层设计至关重要。改革进入攻坚期和深水区，遇到的阻力越来越大，发展中的问题和发展起来后的问题、一般矛盾和深层次矛盾交织叠加、错综复杂，这就必然会碰到更深层次的体制机制问题，碰到更多牵一发而动全身的问题。习近平总书记指出："相比过去，新时代改革开放具有许多新的内涵和特点,其中很重要的一点就是制度建设分量更重,改革更多面对的是深层次体制机制问题,对改革顶层设计的要求更高,对改革的系统性、整体性、协同性要求更强,相应地建章立制、构建体系的任务更重。"制度创新是一个复杂的系统工程,确保各个子系统之间的协调互动越来越重要。在新时代推进国家治理体系和治理能力现代化,更加需要在战略思考的基础上进行顶层设计和总体规划。

每一次理论突破都会给制度创新带来新动力。以社会主义市场经济体制为例。社会主义市场经济体制是我们党领导全国人民一步一步探索出来的,是适应基本国情和时代发展要求的制度安排。党的十八届三中全会把市场在资源配置中的"基础性作用"改为"决定性作用",同时强调更好发挥政府作用,标志着我们党对社会主义市场经济体制的认识达到了新高度。党的十九届四中全会对社会主义基本经济制度作出新的概括,把社会主义市场经济体制纳入基本经济制度,这是改革开放理论创新和实践创新的重要成果,必将进一步激发市场活力和改革创新动力,推动中国经济稳步迈向高质量发展阶段。

问题导向与顶层设计相辅相成,二者是动态平衡、辩证统一的,体现的是实践—认识—再实践—再认识的逻辑过程。新时代的制度创新,要继续坚持加强党的领导与尊重人民首创精神相结合,坚持"摸着石头过河"与顶层设计相结合,坚持问题导向与目标导向相统一,坚持试点先行与全面推进相促进,既鼓励大胆试、大胆闯,又坚持实事求是、善作善成,确保改革开放行稳致远。

中国制度守正创新之道

孙来斌

中国的改革开放何以能够行稳致远？习近平总书记在庆祝改革开放40周年大会上的重要讲话指出："改革开放40年的实践启示我们：制度是关系党和国家事业发展的根本性、全局性、稳定性、长期性问题。"改革开放以来，我们坚持和完善中国特色社会主义制度（以下简称中国制度），坚持守正创新，将坚持正确方向的定力与勇敢创新的自觉统一起来，为中国特色社会主义事业提供了根本制度保证。

中国制度守正创新的理论底蕴

遵循马克思主义基本原理。从马克思主义关于社会发展动力的基本原理看，改革是推动社会发展进步的根本动力，它本身就是守正与创新的辩证统一过程。正如恩格斯所指出的，所谓"社会主义社会"不是一种一成不变的东西,而应当和任何其他社会制度一样,把它看成是经常变化和改革的社会。改革开放是我们党的一次伟大觉醒,是决定当代中国命运的关键一招。我们党始终牢牢把握改革开放的正确方向,不断破除束缚经济社会发展的旧观念和旧体制,不断推进我国社会主义制度的自我完善和发展,不断激发社会创新活力,使科学社会主义在中国不断焕发出强大生机活力。

承继中华优秀传统文化。知常明变者赢,守正创新者进。中国人具有守正的传统。守正,意味着坚守正道,坚持按事物的本质要求和发展规律办事。西汉史学家司马迁在《史记·酷吏列传》中称赞赵禹"据法守正"。唐代文学家皮日休在《鄙孝议下》中说:"有守正者,虽大孝不录;为非者,虽小道必旌。则圣人之制,后何法焉?"同样强调守正的意义。中国人也富有创新的传统。几千年前,我国先民就提出"周虽旧邦,其命维新"。《荀子》有载:"夫道者,体常而尽变,一隅不足以举之。"这不仅讲明了体常与尽变的联系,而且揭示了守正与创新的关联。

运用唯物辩证法的根本方法。从制度方面来讲,守正强调的是坚守在实践中行之有效的正确制度,要求制度设计必须承接历史,反映现行制度与先前制度之间的联系;创新强调的是在实践中创造出新的制度因素,要求制度设计超越历史,反映现行制度对先前制度的发展。简言之,守正夯基础、承历史、重联系,创新把关键、谋未来、求发展,在制度建设上分别反映了联系的观点、发展的观点,侧重点不同。但是,两者又是内在统一的。只有坚持守正,创新才能有坚实的基础、明确的方向;只有不断创新,守正才能获得不竭的活力源泉。在改革开放伟大实践中，我们坚持正确的制度发展方向，适时改变不合时宜的体制机制；坚持解放思想与实事求是相统一，既鼓励大胆试、大胆闯，又坚持实事求是、善作善成，确保改革开放行稳致远，这体现了对立统一规律的本质要求和唯物辩证法的根本方法。

中国制度守正创新的实践展开

守正创新的基本逻辑。科学社会主义理论逻辑和中国社会发展历史逻辑的辩证统一，是中国制度守正创新的基本逻辑。一方面，中国制度坚持科学社会主义基本原则，遵循社会主义的本质规定。科学社会主义基本原则不能丢，丢了就不是社会主义。另一方面，中国制度紧紧把握时代脉动，深深扎根于中国大地，密切联系改革开放伟大实践，不断赋予科学社会主义以鲜明的时代特色、中国特色、实践特色。

守正创新的价值取向。改革开放以来，我们党坚持将人民的意见和感受作为制度设计、政策调整的重要依据。1984年，针对一些人关于改革开放和"一国两制"的政策会不会变的担心，邓小平同志明确表示："我们的政策不会变，谁也变不了。因为这些政策见效、对头，人民都拥护。既然是人民拥护，谁要变人民就会反对。"带领人民创造美好生活，是我们党始终不渝的奋斗目标。进入新时代，以习近平同志为核心的党中央把人民拥护不拥护、赞成不赞成、高兴不高兴、答应不答应，作为制定各项方针政策的出发点和归宿，作为判断各项工作成败得失的最高标准。以人民为中心,是中国制度守正创新的根本价值取向。

守正创新的生动体现。改革开放以来,我们坚持守正创新的基本逻辑、价值取向,既表现出志不改、道不变的坚定,也表现出大胆地试、勇敢地改的决断;既注意到社会变革的深刻性、广泛性、复杂性,又保持了社会发展的方向性、稳定性、延续性。对于中国制度而言,就是坚持和完善根本政治制度、基本政治制度、基本经济制度,完善中国特色社会主义法律体系,不断创新经济体制、政治体制、文化体制、社会体制、生态文明体制等各项具体制度。比如,从经济领域来看,我们既始终坚持公有制经济为主体,又不断探索基本经济制度有效实现形式,筑牢了巩固和发展中国制度的基础;我们既始终坚持发挥社会主义制度的优越性,又注重突破旧的经济体制束缚,建立起社会主义市场经济体制,实现了社会主义基本制度与市场经济体制相结合的伟大创举。党的十八届三中全会以来,以习近平同志为核心的党中央围绕全面深化改革总目标,着力抓好重大制度创新,全面深化经济、政治、文化、社会、生态文明体制和党的建设制度改革。目前,党的十八届三中全会提出的336项重大改革举措中已出台实施方案的超过95%,中国制度守正创新结出累累硕果。

中国制度守正创新的时代要求

增强志不改、道不变的坚定。完善和发展中国制度,必须强化守正这个基础。我国是一个大国，决不能在根本性问题上出现颠覆性错误。实践证明，改革开放是决定当代中国命运的关键一招，得到了人民群众的衷心拥护。但关于改革开放的目标和方向，社会上仍存在一些噪音、杂音。对此，习近平总书记明确指出："我们的改革开放是有方向、有立场、有原则的。"方向决定前途，道路决定命运。我们的改革是在中国特色社会主义道路上不断前进的改革，既不走封闭僵化的老路，也不走改旗易帜的邪路。回看走过的路、比较别人的路、远眺前行的路，才能走出一条新路、正路，才能更好地走稳走好新时代的改革开放之路。

增强主动应变、积极求变的决心。改革意味着创新与超越。完善和发展中国制度，必须抓牢创新这个关键。当前，改革呈现全面发力、多点突破、蹄疾步稳、纵深推进的大好局面。同时也要看到，我们现在所处的是一个船到中流浪更急、人到半山路更陡的时候，是一个愈进愈难、愈进愈险而又不进则退、非进不可的时候。必须坚定信心和决心，按照党中央统一部署，着力抓好重大制度创新，坚决破除一切妨碍发展的体制机制障碍和利益固化藩篱，加快形成系统完备、科学规范、运行有效的制度体系，推动中国制度更加成熟更加定型。

继续以守正创新增强制度活力。习近平总书记指出，制度自信不是自视清高、自我满足，更不是裹足不前、固步自封，而是要把坚定制度自信和不断改革创新统一起来。新时代的改革开放，改什么、怎么改必须以是否符合完善和发展中国特色社会主义制度、推进国家治理体系和治理能力现代化的总目标为根本尺度，该改的、能改的我们坚决改，不该改的、不能改的坚决不改。只有同时保持制度的自信与创新的自觉，同时保持守正的坚定和创新的激情，才能不断增强中国制度的生机活力。

《人民日报》（2019年2月13日）

★ **拓展阅读**

中国制度永葆活力之道

近年来,越来越多的外国学者将中国的成功归因于中国制度的活力,并对其"创新性"和"变数"充满好奇。实际上,中国制度是形成有据、创新有道的。中国共产党在带领中国人民实现中国梦的过程中,以把制度建设摆在突出位置的高度自觉,辩证把握和处理制度建设中的各种因素与关系,是中国制度永葆活力之道。

在"变"与"不变"的结合中保持制度活力。20世纪80年代末以来,世界现代化进程经历了一系列重大事件:苏东剧变,苏联社会主义现代化模式遭遇失败;拉美、东南亚等地区发生金融危机,拉美模式、东南亚模式引起反思;西方主要发达国家不同程度地出现再发展危机,尤其是2008年发生了席卷全球的国际金融危机,传统现代化理论的解释力受到质疑。相形之下,在现代化追赶之路上,中国既没有走封闭僵化的老路,也没有走改旗易帜的邪路,而是坚持走中国特色社会主义的新路,创造了后发现代化的"中国奇迹",

奠定了中国制度自信的现实基础。

然而，在中国制度前进的道路上，还存在经济发展方式粗放、资源环境约束趋紧、反腐败斗争形势严峻等突出问题，表明中国制度还不是尽善尽美的。我们党对此有着清醒认识。习近平总书记强调："制度自信不是自视清高、自我满足，更不是裹足不前、故步自封，而是要把坚定制度自信和不断改革创新统一起来"。这也表明，"折腾"不是改革的同义语，制度创新不等于"另起炉灶"。我们党在推进改革创新过程中对改什么、不改什么同样有着清醒认识。中国特色社会主义必须始终坚持，这是制度创新的底线；影响经济社会发展的体制机制必须改变，这是制度创新的主攻方向。比如，土地制度是国家的基础性制度，牵涉面广。党的十八届三中全会明确了农村土地制度改革的方向和任务，2015年中央一号文件强调要坚持土地公有制性质不改变、耕地红线不突破、农民利益不受损三条底线，并针对存在的问题提出有序推进征地制度改革、宅基地制度改革等。

在民族性与开放性的结合中保持制度活力。从普遍性角度而言，推进现代化会遭遇传统与现代、城市与乡村、富裕与贫困等一系列矛盾，稍不注意就会造成社会发展的断裂。对于这些矛盾，发达国家积累了一些化解经验，形成了一些有效的制度设计。我们决不能夜郎自大，而是深知"社会主义要赢得与资本主义相比较的优势，就必须大胆吸收和借鉴人类社会创造的一切文明成果"。

但应看到，中国与外国在历史与现实、风俗与习惯等方面存在较大差异，学习借鉴他国制度经验必须从自身实际出发，决不能邯郸学步。更何况除了普遍性转型难题,我们还遭遇了公有制与市场经济、先富与共富以及生产力发展多层次性等独特性难题。破解这些难题,更不能想象会突然搬来一座制度上的"飞来峰";只能立足本国实际,依靠自己的力量。正所谓"履不必同,期于适足;治不必同,期于利民"。中国制度之所以行得通、有生命力、有效率,就在于它深深植根于中国社会土壤之中。

城乡关系是世界各国在现代化过程中绕不过去的问题,在中国表现得更加突出、更加复杂。中国的城乡发展一体化究竟应怎样进行制度设计?"要坚持从国情出发,从我国城乡发展不平衡不协调和二元结构的现实出发,从我国的自然禀赋、历史文化传统、制度体制出发,既要遵循普遍规律,又不能墨守成规,既要借鉴国际先进经验,又不能照抄照搬。"习近平总书记的重要论述,指明了解决问题的基本遵循。推而广之,就是"吸收别人好的东西,保持自己好的东西",在民族性与开放性的结合中保持制度活力。

在民主与民生的结合中保持制度活力。中国有960万平方公里土地、56个民族、14亿多人口,如果离开党的坚强领导,就会出现一盘散沙甚至分崩离析的局面,中华民族伟大复兴也将化为泡影。在这方面,世界上有许多值得汲取的经验教训。一些转型国家盲目移植西方多党制、自由选举制,结果导致"民主之殇":有的改旗易帜,步入歧途;有的水土不服,陷入党争之乱;有的引起内战,国家四分五裂。

人民民主是社会主义的生命。坚持党的领导与保证人民当家作主是内在一致的。改革开放以来,我们党坚持把实现好、维护好、发展好最广大人民的根本利益作为制定政策、创新制度的衡量标准，积极发挥社会主义协商民主的积极作用。制定制度要广泛听取意见，这是中国制度创新的一大特色。"在中国社会主义制度下，有事好商量，众人的事情由众人商量，找到全社会意愿和要求的最大公约数，是人民民主的真谛。"党的十八大以来，中央为推进有关制度的落地持续发力，"八项规定""六项禁令"和中央巡视制度不断显现威力，"民意直通车""电视问政"等民主新鲜事不断涌现。美国学者福山通过比较得出结论："中国模式具备一些西方民主制度没有的重要优势。在过去十年中，中国人民享有较大的思想和言论自由，政府治理方式不断改进，纠错机制发挥了明显作用。"

对于发展中国家而言，民主与民生构成一对特殊的重要矛盾。离开民生的民主说教，人民不感兴趣。"某国虽然很穷，但民主很发达。"这种西方民主价值理念的逻辑荒诞性不言自明。制度的设计权如果掌握在少数人手里，社会就会出现少数人与多数人的利益阻隔及社会断裂问题，陷入"李嘉图陷阱"。坚持党的领导，保证人民当家作主，以最广大人民的根本利益作为制度设计的出发点，从而实现民主与民生的良性互动，是中国制度活力的重要源泉。

在公平与效率的结合中保持制度活力。政府与市场的关系问题，历来是国际学术界争论的焦点。中国制度在此问题上的设计，是在西方经济理论框架内无法破译的"中国之谜"。在社会主义实践中，人们曾长期将马克思、恩格斯关于未来经济社会体制的设计当作现实生活的事实，"计划崇拜"情结严重制约了社会主义制度的活力。邓小平同志将计划和市场从社会基本制度中剥离出来，赋予其具体制度的属性，极大地解放了人们的思想。在实践拓展和认识深化的基础上，党的十八届三中全会提出"使市场在资源配置中起决定性作用和更好发挥政府作用"，表明我们党对这一问题的认识达到了新高度。

世界各国的实践证明，市场经济是迄今为止最有效的资源配置方式，但它也存在外部性和失灵问题。近年来，新自由主义在一些西方国家的强力推行下大行其道，所谓"市场搞定一切"的观点成了某些人的信条。中国制度拒绝"市场万能论"，在强调市场配置资源决定性作用的同时，明确提出"更好发挥政府作用"。在这样的制度设计理念下，市场经济体现效率，政府调节体现公平，两者的结合将实现公平与效率兼顾。从实际运行看，社会主义市场经济确实焕发出巨大的经济社会活力。

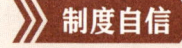

国家治理现代化体现以人民为中心

深入理解和把握国家治理现代化的科学内涵，积极探索国家治理现代化的实现方式，已成为我国哲学社会科学研究的重大课题。那么，如何推进国家治理现代化研究？总体说来，应当既见制度又见人。

对于管理我们比较熟悉，对于治理则相对陌生，如何治理可以说是一个新课题。目前，对于治理的研究总体上还比较薄弱，仍处于破题开局阶段。这主要缘于两方面的短缺：一是实践短缺。虽然近年来各界对国家治理、社会治理作了许多有益探索，取得了一定成效，但由于时间短、问题复杂，这些探索还是初步的。二是理论短缺。目前支撑治理创新的理论十分有限，可供借鉴的西方治理理论本身并不成熟，而且很多理论并不适用于中国。如何立足国情形成中国本土治理理论，需要我们进一步加强研究。

治理与管理虽然仅一字之差，但在理论和实践上有重大区别。按照大多数学者的看法，治理与管理的主要区别在于：一是主体不同。管理的主体是政府，治理的主体不仅包括政府，还包括社会组织乃至个人。二是运作方式不同。管理的方式一般是自上而下垂直型的，而治理的方式虽也有垂直型的，但更多的是水平型的，最后形成的是纵横交错的网络型治理方式。不仅如此，管理的运作方式常常是强制性的、刚性的，而治理则是合作的、包容的。三是手段不同。管理主要诉诸行政手段，治理虽也借助行政手段，但更多依靠法律手段实现自治、共治、善治。从这几大区别的内在逻辑可以看出，治理与管理最重要的区别就是更加注重人民本位，更加强调以人民为中心。可见，国家治理体系和治理能力现代化的提出，实际上蕴含着深刻的人学内涵，目的是为了更好地推动人的全面发展、社会全面进步。因此，推进国家治理现代化理论研究和实践发展，需要把人的问题作为重要切入点、突破点、着力点。

治理理念问题。在价值取向上，推进国家治理现代化，意味着把保障人民当家作主作为根本，坚持和完善中国特色社会主义政治制度，不断丰富民主形式。同时，要不断激发社会活力。国家治理既要确保社会稳定发展和公共利益合理维护，又要尊重差异、包容多样，在维护宪法和法律权威的前提下承认合理合法的个性化追求，保障个人自由，让社会充满生机活力。还要努力实现社会公平正义。国家治理的重要任务是营造公平的社会环境，保证社会公平正义。总的来看，治理意味着确立以人民为中心的理念，努力增进人民福祉。

不同主体作用发挥问题。治理主体由单一走向多元，这是必然趋势。但在治理体系中，政府、公众和社会组织等主体应处于何种地位、相互关系如何处理，还需要深入研究。可以肯定的是，人民群众是治理体系中最重要的主体，在国家治理中发挥着当家作主的作用。当家作主作用主要通过人民代表大会制度、协商民主、基层民主等渠道实现。当然，肯定其他主体的作用，并不是轻视政府的作用。政府在维护秩序、化解风险、处理危机等方面有着其他主体无法替代的功能。

扩大参与问题。使人民群众成为治理最重要的主体，必须让其参与到各种治理活动中。扩大参与的过程，也是人民群众治理能力不断提高的过程。各个治理主体能力的提高，无疑有利于国家总体治理能力的增强。扩大参与的过程，还是推动人的全面发展的过程。马克思说过，"个人的全面性不是想象的或设想的全面性，而是他的现实关系和观念关系的全面性"。正是通过参与，个人扩展了社会交往和社会联系，同时也丰富和发展了自己。

建立不忘初心、牢记使命的制度

欧阳淞

党的十九届四中全会通过的《中共中央关于坚持和完善中国特色社会主义制度、推进国家治理体系和治理能力现代化若干重大问题的决定》（以下简称《决定》）首次提出，"建立不忘初心、牢记使命的制度"。这一重大制度创举，对于进一步坚持思想建党、理论强党、制度治党具有重大而深远的意义，我们要深刻理解把握、认真贯彻落实。

建立不忘初心、牢记使命的制度意义重大

无论对于当前还是对于今后，无论对于坚持和完善中国特色社会主义制度还是对于巩固党的执政地位，无论对于建设伟大工程还是对于进行伟大斗争、推进伟大事业、实现伟大梦想，建立不忘初

心、牢记使命的制度都是十分重要和必要的。

这是巩固发展"不忘初心、牢记使命"主题教育成果的迫切需要。"不忘初心、牢记使命"主题教育取得了明显成效。习近平总书记强调:"通过健全制度、完善机制,使'不忘初心、牢记使命'这个党的建设的永恒课题、党员干部的终身课题常抓常新。"贯彻落实习近平总书记这一重要要求,就要在主题教育生动实践的基础上探索建立科学有效、务实管用的制度机制。

这是始终坚持党的全面领导、巩固党的执政地位和执政基础的迫切需要。习近平总书记指出:"回顾党的历史,为什么我们党在那么弱小的情况下能够逐步发展壮大起来,在腥风血雨中能够一次次绝境重生,在攻坚克难中能够不断从胜利走向胜利,根本原因就在于不管是处于顺境还是逆境,我们党始终坚守为中国人民谋幸福、为中华民族谋复兴这个初心和使命,义无反顾向着这个目标前进,从而赢得了人民衷心拥护和坚定支持。"这就告诉我们,不忘初心、牢记使命是我们党的制胜法宝,我们党要长期执政,我们国家要长治久安,党就必须始终坚持为中国人民谋幸福、为中华民族谋复兴,就必须建立不忘初心、牢记使命的制度。

这是永葆党的先进性和纯洁性、永葆党的生机活力的迫切需要。党的性质宗旨、理想信念和创新理论是党的先进性和纯洁性的集中体现。建立不忘初心、牢记使命的制度,必将推动全党更好遵守党章,恪守党的性质宗旨、理想信念和创新理论,永葆党的先进性和纯洁性。习近平总书记指出:"初心和使命是激励中国共产党人不断前进的根本动力""干部要把党的初心、党的使命铭刻于心,这样,人生奋斗才有更高的思想起点，才有不竭的精神动力。"建立不忘初心、牢记使命的制度，能够保障我们党有更高的思想起点并永葆生机活力。

这是进一步提高党的建设水平、使伟大工程在"四个伟大"中起决定性作用的迫切需要。建立不忘初心、牢记使命的制度，就是要认真贯彻新时代党的建设总要求，同一切影响党的先进性、弱化党的纯洁性的问题作坚决斗争，努力将我们党建设得更加坚强有力，确保我们党始终成为坚强领导核心。而党的坚强领导正是党的建设新的伟大工程能在"四个伟大"中起决定性作用的关键所在。因此，这一制度的建立将对"四个伟大"的推进产生重大而深远的影响。

明确建立不忘初心、牢记使命的制度的主要内容

总的来说，建立不忘初心、牢记使命的制度，主要内容的确定要坚持强烈的问题导向和目标导向，以增强制度的针对性、有效性。从大的方面说，要注重解决好四大问题：一是解决好思想根基问题，进一步坚定理想信念。二是解决好政治站位问题，进一步增强"四个意识"、坚定"四个自信"、做到"两个维护"。三是解决好旗帜方向问题，使习近平新时代中国特色社会主义思想始终成为全党全国人民为实现中华民族伟大复兴而奋斗的行动指南，成为新时代高高飘扬的伟大旗帜。四是解决好人民情怀问题，使以人民为中心更加深入人心，永葆党的政治本色。

根据党的十九届四中全会《决定》关于建立不忘初心、牢记使

命的制度的要求,这一制度大体应当包括以下6个方面的内容。

关于确保全党遵守党章的内容。党章是党的总章程,集中体现党的性质和宗旨、党的理论和路线方针政策、党的重要主张,规定了党的重要制度和体制机制,是全党必须共同遵守的根本行为规范。习近平总书记指出:"没有规矩,不成方圆。党章就是党的根本大法,是全党必须遵循的总规矩。"在各级党组织的全部活动中,都要坚持引导广大党员、干部特别是领导干部自觉学习党章、遵守党章、贯彻党章、维护党章,自觉加强党性修养,增强党的意识、宗旨意识、执政意识、大局意识、责任意识,切实做到为党分忧、为国尽责、为民奉献。

关于确保全党恪守党的性质和宗旨的内容。中国共产党是中国工人阶级的先锋队,同时是中国人民和中华民族的先锋队。党除了工人阶级和最广大人民群众的利益,没有自己特殊的利益。党最大的政治优势是密切联系群众,党执政后的最大危险是脱离群众。党坚持全心全意为人民服务,一切为了群众、一切依靠群众,从群众中来,到群众中去,把党的正确主张变为群众的自觉行动。

关于确保用共产主义远大理想和中国特色社会主义共同理想凝聚全党、团结人民的内容。党的最高理想和最终目标是实现共产主义。中国特色社会主义是改革开放以来党的全部理论和实践的主题,是党和人民历尽千辛万苦、付出巨大代价取得的根本成就。习近平总书记指出:"我们干事业不能忘本忘祖、忘记初心。我们共产党人的本,就是对马克思主义的信仰,对中国特色社会主义和共产主义的信念,对党和人民的忠诚。我们要固的本,就是坚定这份信仰、坚定这份信念、坚定这份忠诚。"建立不忘初心、牢记使命的制度，就是要为巩固这个本提供重要制度条件。

关于确保用习近平新时代中国特色社会主义思想武装全党、教育人民、指导工作的内容。党的十八大以来，以习近平同志为主要代表的中国共产党人，顺应时代发展，从理论和实践结合上系统回答了新时代坚持和发展什么样的中国特色社会主义、怎样坚持和发展中国特色社会主义这个重大时代课题，创立了习近平新时代中国特色社会主义思想。习近平新时代中国特色社会主义思想是对马克思列宁主义、毛泽东思想、邓小平理论、"三个代表"重要思想、科学发展观的继承和发展，是马克思主义中国化最新成果，是党和人民实践经验和集体智慧的结晶，是全党全国人民为实现中华民族伟大复兴而奋斗的行动指南，必须长期坚持并不断发展。

关于确保全党全面贯彻党的基本理论、基本路线、基本方略，持续推进党的理论创新、实践创新、制度创新的内容。世界每时每刻都在发生变化，中国也每时每刻都在发生变化。我们必须在理论上跟上时代，不断认识规律，不断推进理论创新、实践创新、制度创新以及其他各方面创新。党中央制定的路线方针政策、作出的决策部署，是全党全国各族人民统一思想、统一意志、统一行动的依据。建立不忘初心、牢记使命的制度，就是要求全党全面贯彻落实党的基本理论、基本路线、基本方略。

关于把不忘初心、牢记使命作为加强党的建设的永恒课题和全体党员干部的终身课题、形成长效机制的内容。开展"不忘初心、牢记使命"主题教育，是以习近平同志为核心的党中央统揽"四个伟大"作出的重大部署。这次主题教育贯彻"守初心、担使命，找差距、抓落实"的总要求，经过全党近半年的努力，已经基本达到了"理论学习有收获、思想政治受洗礼、干事创业敢担当、为民服务解难题、清正廉洁作表率"的目标，取得了明显成效。我们要按照党中央要求，切实把这次主题教育总结好，探索建立管根本、利长远、重实效的长效机制，巩固和发展这次主题教育成果，从总体上构建不忘初心、牢记使命的制度。

把握建立不忘初心、牢记使命的制度的原则要求

总的来说，要做到理论与实际结合，注重历史与现实贯通，坚持守正与创新统一，实现激励与约束并重。进一步说，要把握好三大原则。

把习近平新时代中国特色社会主义思想作为根本指南。习近平新时代中国特色社会主义思想是当代中国马克思主义、21世纪马克思主义，是指引全党践行初心和使命的强大思想武器。在党的十九大报告中，习近平总书记对党的初心和使命作出重要阐述；在庆祝中国共产党成立95周年大会上，习近平总书记就"不忘初心、继续前进"的含义和要求从8个方面进行阐发；在"不忘初心、牢记使命"主题教育工作会议上，习近平总书记分别对"守初心、担使命"提出了要求；习近平总书记还多次从不同角度对不忘初心、牢记使命的要义进行阐述、提出要求。习近平新时代中国特色社会主义思想既为我们理解初心和使命提供了金钥匙，又为我们践行初心和使命

提供了行动指南。建立不忘初心、牢记使命的制度，必须把习近平新时代中国特色社会主义思想作为根本指南。

把党章作为根本依据。习近平总书记强调："建立健全党内制度体系，要以党章为根本依据；判断各级党组织和党员、干部的表现，要以党章为基本标准；解决党内矛盾，要以党章为根本规则。"我们要从"根本依据""基本标准""根本规则"的高度加深对党章的认识，在党章的指引下制定不忘初心、牢记使命的制度，通过建立这一制度，更好保障党章的实施。

把"不忘初心、牢记使命"主题教育作为重要实践基础。这次主题教育着力聚焦"不忘初心、牢记使命"这一主题，着力突出学习贯彻习近平新时代中国特色社会主义思想这一主线，注重将"学习教育、调查研究、检视问题、整改落实"四项重点措施贯穿始终，坚持将学习教育和解决问题相结合，既通过压实党委（党组）主体责任确保主题教育扎实推进，又通过开门搞教育切实提高人民群众的参与感、获得感和满意度，务求实效，力戒形式主义和官僚主义，取得了良好效果，积累了重要经验。建立不忘初心、牢记使命的制度，要把这次主题教育作为重要实践基础，一方面认真学习习近平总书记关于主题教育的重要论述、中央的重要政策等，将其中的重要精神和重要制度吸纳到不忘初心、牢记使命的制度中；另一方面吸收各级党组织行之有效的经验做法和具体制度，增强制度的可操作性。

《人民日报》（2019年12月18日）

★ 拓展阅读

把人民利益摆在至高无上地位的制度

一个国家的制度和治理体系好不好、优越不优越,人民最有发言权。中国人民从内心拥护中国特色社会主义制度和国家治理体系,一个主要原因是它始终把人民利益摆在至高无上的地位,具有坚持以人民为中心的发展思想,不断保障和改善民生、增进人民福祉,走共同富裕道路的显著优势。

为什么人的问题,是检验一个政党、一个政权性质的试金石。坚持以人民为中心,是新时代坚持和发展中国特色社会主义的根本立场,深刻体现出我国国家制度和国家治理体系的本质属性。

坚持以人民为中心的发展思想,不仅是我国国家制度的显著优势,而且是我国国家治理体系和治理能力的显著优势。我们党始终坚持人民主体地位,把党的群众路线贯彻到治国理政全部活动之中,把实现好、维护好、发展好最广大人民根本利益作为一切工作的出发点和落脚点,把人民拥护不拥护、赞成不赞成、高兴不高兴、答应不答应作为衡量一切工作得失的根本标准。虚心向人民学习,倾听人民呼声,汲取人民智慧,保证人民在日常政治生活中有广泛持续深入参与的权利。

我国国家制度和国家治理体系始终坚持以人民为中心的发展思想,归根到底是由中国共产党的先进性决定的。我们党在领导伟大社会革命的同时,坚定不移推进党的伟大自我革命,清除一切侵蚀党的健康肌体的病毒,使党不断自我净化、自我完善、自我革新、自我提高,确保党始终保持同人民群众的血肉联系。以习近平同志为核心的党中央以自我革命精神推进全面从严治党,在新时代把党的自我革命推向深入,党的政治领导力、思想引领力、群众组织力、社会号召力不断增强,国家治理体系和治理能力现代化水平明显提高,为进一步发挥我国国家制度和国家治理体系的显著优势打开了更为广阔的空间。

坚持和完善中国特色社会主义制度、推进国家治理体系和治理能力现代化,是中国共产党的初心使命在制度层面和国家治理上的体现,是不断保障和改善民生、增进人民福祉的根本途径。

中国人口众多,实现丰衣足食是一个历史性的难题。毛泽东同志指出:"一个人口众多、物产丰盛、生活优裕、文化昌盛的新中国,不要很久就可以到来。"这一美好憧憬在新中国一步步变为现实。经过几十年发展,我国稳定解决了十几亿人的温饱问题,总体上实现小康。进入新时代,我国社会主要矛盾已经从人民日益增长的物质文化需要同落后的社会生产之间的矛盾转化为人民日益增长的美好生活需要和不平衡不充分的发展之间的矛盾,人民美好生活需要日益广泛，幼有所育、学有所教、劳有所得、病有所医、老有所养、住有所居、弱有所扶等方面国家基本公共服务制度体系日益健全。一系列发展成就充分显示出我国国家制度和国家治理体系具有不断保障和改善民生、增进人民福祉的显著优势，使我们坚定"四个自信"具有更加深厚的底气。

我国是世界上自然灾害最为严重的国家之一。中华人民共和国成立以来，经过不断探索，确立了以防为主、防抗救相结合的工作方针，国家综合防灾减灾救灾能力得到全面提升，无论灾害程度还是发生频次都大为降低，灾害发生后人民生命财产能够得到最大限度保全，经济社会也能很快得到恢复发展。从这个意义上说，能不能有效防控并及时战胜灾害、保护人民生命财产安全，是检验制度优劣和治理能力高低的重要指标之一。面对突如其来的新冠肺炎疫情，以习近平同志为核心的党中央高度重视、迅速作出部署，把疫情防控作为头等大事来抓，把人民群众生命安全和身体健康摆在第一位，及时制定疫情防控方针政策，确保疫情防控有力有序推进。在党中央坚强领导下，经过各方面艰苦努力，我国疫情防控阻击战取得重大战略成果，经济社会秩序加快恢复，彰显了我国国家制度和国家治理体系的显著优势。

消除贫困、改善民生、实现共同富裕，是社会主义的本质要求，是中国共产党矢志不渝的奋斗目标。在中国特色社会主义制度的坚强保障下，全体人民正朝着共同富裕方向稳步前进。

坚持我国社会主义基本经济制度，是逐步实现共同富裕的基础和前提。党的十九届四中全会提出，"公有制为主体、多种所有制经济共同发展,按劳分配为主体、多种分配方式并存,社会主义市场经济体制等社会主义基本经济制度"。我国社会主义基本经济制度,既体现了社会主义制度优越性,又同我国社会主义初级阶段社会生产力发展水平相适应;既有利于解放和发展社会生产力、改善人民生活,又有利于维护社会公平正义、实现共同富裕,把人民对共同富裕的追求牢固建立在我国生产力不断发展的基础之上。

消除两极分化、缩小贫富差距,是走共同富裕道路的题中应有之义。中华人民共和国成立后,我们消灭了剥削制度,大力推进社会主义建设。改革开放后特别是党的十八大以来,我们党坚持共享发展,坚持发展为了人民、发展依靠人民、发展成果由人民共享,作出更有效的制度安排,使全体人民在共建共享发展中有更多获得感,增强发展动力,增进人民团结,朝着共同富裕方向稳步前进。

坚持按劳分配为主体、多种分配方式并存,健全劳动、资本、土地、知识、技术、管理、数据等生产要素由市场评价贡献、按贡献决定报酬的机制,健全再分配调节机制,不断缩小收入分配差距。健全城乡融合发展体制机制,坚持工业反哺农业、城市支持农村和多予少取放活的方针,促进城乡公共资源均衡配置,清除阻碍要素下乡的各种障碍,不断缩小城乡发展差距。构建区域协调发展新机制,发挥各地区比较优势,努力实现基本公共服务均等化、基础设施通达程度比较均衡、人民基本生活保障水平大体相当的目标,不断缩小区域发展差距。实践证明,中国特色社会主义制度和国家治理体系是具有强大生命力和巨大优越性的制度和治理体系。随着其日益完善,"坚持以人民为中心的发展思想,不断保障和改善民生、增进人民福祉,走共同富裕道路"的显著优势,必将更加充分地发挥出来。

> 制度自信

更好发挥党的领导这一最大优势

完善坚定维护党中央权威和集中统一领导的各项制度，才能更好地坚持和加强党的全面领导，更好地发挥党的领导这一最大优势。

完善落实"两个维护"的制度。"两个维护"是新时代对民主集中制的创造性运用，同以人民为中心是统一的，是坚持和加强党的全面领导、践行党的宗旨的根本保证。做到"两个维护"，要有鲜明的态度，更要有扎实的行动。要把"两个维护"体现在各项制度规定中，贯彻到党和国家工作的全过程各方面，落实到各级党组织和广大党员的行动上。

健全党中央对重大工作的领导体制。党的十八大以来，以习近平同志为核心的党中央加强中央财经领导小组工作机制，成立全面深化改革、国家安全、网络安全和信息化、军民融合发展等重要领域的决策议事协调机构，在中央政治局及其常委会领导下，加强顶层设计、统筹协调、整体推进、督促落实，对于加强党中央对重大工作的领导发挥了重要作用。党的十九大后，党中央在深化党和国家机构改革中，着力从制度安排上发挥党的领导这个最大的体制优势，适当归并党中央决策议事协调机构，统一各委员会名称，进一步完善了党中央对重大工作的领导体制。下一步，要适应统筹推进"五位一体"总体布局、协调推进"四个全面"战略布局的要求，落实和完善这些制度，形成统一高效的领导体制，确保党中央对重大工作的领导。

完善推动党中央重大决策落实机制。习近平总书记反复强调"一分部署、九分落实"，要以钉钉子精神推动党中央决策部署贯彻落实。中央有关部门建立完善贯彻落实党中央决策部署的任务分工、督促检查、情况通报、监督问责等制度机制，推动各地区各部门深入学习贯彻习近平新时代中国特色社会主义思想，抓好习近平总书记重要指示批示和党中央决策部署落实见效。各地区各部门要坚决贯彻落实党的基本理论、基本路线、基本方略，正确处理保证党中央政令畅通和立足实际创造性开展工作的关系，积极主动将党的领导主张和重大决策部署转化为法律法规和政策政令，转化为领导体制、工作机制和管理方式方法创新，转化为推动经济社会发展的实际行动。优化完善推动党中央重大决策落实机制，制定责任清单，化解部门分歧，消除条块梗阻，力戒形式主义、官僚主义。建立定期就习近平总书记重要指示批示和党中央决策部署贯彻落实情况"回头看"和报告、通报制度，切实解决贯彻落实中的困难和问题，确保党中央政令畅通、令行禁止。

严格执行向党中央请示报告制度。请示报告不是小事，是我们党的重要政治纪律、组织纪律、工作纪律。严格执行向党中央请示报告制度，目的在于党中央及时、全面、准确地了解各地区各部门情况，实事求是地分析形势，实事求是地作出决策，实事求是地解决问题。因此，任何请示报告都必须客观真实，全面如实请示报告工作、反映情况、分析问题、提出建议，既报喜又报忧、既报功又报过、既报结果又报过程，而不能虚报浮夸、弄虚作假，不能掩盖问题、粉饰太平，不能华而不实、欺上瞒下。这要作为一条重要党性原则来要求。

健全维护党的集中统一的组织制度。党的力量来自组织。健全维护党的集中统一的组织制度，才能更好地凝聚全党智慧、强基固本，不断增强党的政治领导力、思想引领力、群众组织力、社会号召力。党中央是大脑和中枢，对党和国家事业发展重大工作实行集中统一领导，必须有定于一尊的权威。党的地方组织的根本任务是确保党中央决策部署贯彻落实，要牢固树立一盘棋意识，有令即行、有禁即止。党组要贯彻落实党中央以及上级党组织决策部署，发挥好把方向、管大局、保落实的重要作用。每个党员特别是党员领导干部要强化党的意识和组织观念，相信组织、依靠组织、服从组织，自觉做到忠诚干净担当。要更加注重党的组织体系建设，扎实做好抓基层、打基础的工作，以提升组织力为重点，突出政治功能，扩大基层党的组织覆盖和工作覆盖，切实把党的领导落实到基层，确保全党团结统一、行动一致。

深刻认识党的领导制度在国家制度中的统领地位

甄占民

党的十九届四中全会审议通过的《中共中央关于坚持和完善中国特色社会主义制度、推进国家治理体系和治理能力现代化若干重大问题的决定》(以下简称《决定》)突出坚持和完善党的领导制度,抓住了国家治理的关键和根本,体现了我们党对中国特色社会主义制度的坚定自信,对我国国家制度和国家治理体系演进方向和规律的深刻把握。我们必须深刻认识党的领导制度在国家制度中的统领地位,在增强中国特色社会主义制度自信中推进国家治理体系和治理能力现代化,把我国制度优势更好转化为国家治理效能。

坚持和完善党的领导制度是国家治理的关键和根本

习近平总书记指出:"中国共产党领导是中国特色社会主义最本质的特征,是中国特色社会主义制度的最大优势。""党政军民学,东西南北中,党是领导一切的,是最高的政治领导力量。"

同习近平总书记有关重要论述相贯通、相一致,党的十九届四中全会从坚持和完善我国国家制度和国家治理体系全局出发,就坚持党的领导制度的统领地位作出系统深入的阐述。这次全会回顾总结我国建立和完善社会主义制度、加强和完善国家治理的历史性成就,反映了我们党团结带领人民进行不懈探索实践的非凡历史过程和重大历史成果;系统阐释我国国家制度和国家治理体系13个方面的显著优势,第一位的就是坚持党的集中统一领导,坚持党的科学理论,保持政治稳定,确保国家始终沿着社会主义方向前进的显著优势;部署坚持和完善中国特色社会主义制度、推进国家治理体系和治理能力现代化的重大任务,首要的也是强调坚持和完善党的领导制度体系,提高党科学执政、民主执政、依法执政水平。可以看出,坚持和加强党的全面领导、坚持和完善党的领导制度体系,是我们推进各方面制度建设、推动各项事业发展、加强和改进各方面工作的根本要求;坚持和完善我国国家制度和国家治理体系,必须坚持党的领导制度的统领地位。

以党的领导制度为统领的我国国家制度和国家治理体系,是创造和理解"中国奇迹""中国之治"的"制度密钥"。中华人民共和国成立70年来，我们之所以能够创造经济快速发展奇迹和社会长期稳定奇迹，关键在于党的领导和党的领导制度的巩固和发展。正是因为始终在党的领导下，集中力量办大事，国家统一有效组织各项事业、开展各项工作，才能成功应对一系列重大风险挑战、克服无数艰难险阻，创造"中国奇迹"、形成"中国之治"。突出坚持和完善党的领导制度，就能抓住我国国家治理的关键和根本。

始终坚持党的集中统一领导

始终坚持党的集中统一领导，是中国特色社会主义事业发展的必然要求。党的领导和中国特色社会主义发展是不可分割的，党的领导制度的完善同中国特色社会主义制度的完善是相辅相成的。没有中国共产党领导，中国特色社会主义事业就会失去政治、思想和组织保障；离开中国特色社会主义事业的发展，中国共产党就无法践行自己的初心和使命。中华人民共和国成立70年来，从完成社会主义革命、确立社会主义基本制度，到进行改革开放新的伟大革命、开辟中国特色社会主义道路，再到进行具有许多新的历史特点的伟大斗争、中国特色社会主义进入新时代、中华民族迎来了从站起来、富起来到强起来的伟大飞跃，都是中国共产党带领中国人民一步步走过来的，都是在不断坚持和完善党的领导制度体系、提高党治国理政水平中实现的。《决定》深入分析我国国家制度和国家治理体系的发展历程和发展成就，也是与党领导人民建立和完善中国特色社会主义制度、开辟和拓展中国特色社会主义道路的历程和成就紧密联系在一起的。

　　始终坚持党的集中统一领导,是确保中国始终沿着正确方向前进的关键所在。《决定》提出,"坚持党的集中统一领导,坚持党的科学理论,保持政治稳定,确保国家始终沿着社会主义方向前进的显著优势",是有着深刻理论逻辑和实践支撑的重要结论。作为一个肩负着崇高使命的马克思主义执政党,作为最高政治领导力量,中国共产党无论是处于顺境还是逆境,都始终坚守马克思主义的政治信仰,坚守自己的初心使命,并与时俱进推进理论创新、实践创新、制度创新,团结带领中国人民不断取得中国革命、建设、改革的伟大成就。这反映在党带领人民建设新中国的整个历史进程中,反映在党领导人民治国理政的各方面具体实践中,也反映在顺应时代大势的"历史抉择"上。党的十八大以来,面对世界百年未有之大变局,以习近平同志为核心的党中央领导人民正本清源、开拓创新、攻坚克难,坚定道路自信、理论自信、制度自信、文化自信,勇于进行具有许多新的历史特点的伟大斗争,推动党和国家事业取得历史性成就、发生历史性变革,使科学社会主义在21世纪焕发新的生机活力。这充分表明,中国共产党在引领国家发展中有效发挥了政治主心骨和政治领航者作用;坚持和完善中国特色社会主义制度、推进国家治理体系和治理能力现代化,必须坚持党的领导,自觉贯彻党总揽全局、协调各方的根本要求。

　　始终坚持党的集中统一领导,是我国社会主义政治制度优越性的一个突出特点。习近平总书记指出:"中国最大的国情就是中国共产党的领导。什么是中国特色?这就是中国特色。""坚持和完善党的领导，是党和国家的根本所在、命脉所在，是全国各族人民的利益所在、幸福所在。"《决定》系统阐述我国国家制度和国家治理体系 13 个方面的显著优势，这些显著优势都同党的领导这一根本领导制度密切相关，也都离不开这一根本领导制度的支撑。中国共产党以为人民谋幸福、为民族谋复兴、为世界谋大同为己任，代表中国最广大人民根本利益，为各方面制度的确立、发展和完善提供了崇高的思想引领和价值追求，也使各方面的国家制度在体现人民共同意愿、妥善处理各种利益关系、保持社会创造活力、维护社会和谐稳定等方面形成统一意志和制度合力；中国共产党把推进理论创新、实践创新同推进制度创新作为一个统一的历史进程，不断为各方面制度的发展与完善提供"源头活水"，避免制度建设出现停滞和僵化，为国家制度和国家治理体系的创新发展提供了不竭动力；中国共产党坚持以总揽全局、协调各方的领导核心作用和上下贯通、执行有力的组织领导体系，实现了社会各方面力量和资源的有效整合，保证了我国国家制度和国家治理体系的实际效果；等等。因此，《决定》指出："必须坚持党政军民学、东西南北中，党是领导一切的，坚决维护党中央权威，健全总揽全局、协调各方的党的领导制度体系，把党的领导落实到国家治理各领域各方面各环节。"

坚持和完善党的领导制度体系

任何一种政治制度都是动态发展的，中国共产党的领导制度也有一个与时俱进、不断完善的问题。坚持党的领导制度的统领地位，目的在于坚持发挥党总揽全局、协调各方的领导核心作用，提高党科学执政、民主执政、依法执政水平，保证党领导人民有效治理国家。为此，党的十九届四中全会就坚持和完善党的领导制度体系作出科学部署，提出建立不忘初心、牢记使命的制度，完善坚定维护党中央权威和集中统一领导的各项制度，健全党的全面领导制度，健全为人民执政、靠人民执政各项制度，健全提高党的执政能力和领导水平制度，完善全面从严治党制度六个方面的重要工作部署。

这六个方面的工作部署，既是历史经验特别是党的十八大以来实践经验的重要体现，也是顺应时代要求、实践发展和人民群众期待的新的制度安排；既有强化党的集中统一领导的工作要求，也有提高党的领导能力和领导水平的重要举措；既有维护民主集中制方面的制度规范，也有完善党领导人大、政府、政协、监察机关、审判机关、检察机关、武装力量、人民团体、企事业单位、基层群众自治组织、社会组织等制度，健全各级党委（党组）工作制度，确保党在各种组织中发挥领导作用，体现了党领导人民进行社会革命同进行自我革命的有机统一，为坚持和完善党的领导制度体系提供了基本遵循。可以预见，随着党的领导制度体系不断发展，党的领导制度在我国国家制度中的统领地位将得到更好体现，我国国家制度和国家治理体系的优势将得到更好发挥。

《人民日报》（2019年11月20日）

★ **拓展阅读**

完善党和国家监督体系

完善党和国家监督体系,涉及各级各类监督主体、监督制度,是一项艰巨复杂的系统工程。必须坚持以习近平法治思想为指导,把思想和行动统一到党中央决策上来,坚持稳中求进、统筹推进,不断增强监督严肃性、协同性、有效性。

落实全面从严治党责任制度。坚持和加强党的领导必须推进党的建设,压实管党治党主体责任和监督责任,规范党内政治生活,强化日常监督,严明政治纪律和政治规矩,发展积极健康的党内政治文化,全面净化党内政治生态。各级党委(党组)要在党中央集中统一领导下,强化在同级组织中的领导地位、监督作用,强化对下级党组织特别是主要领导干部的监督,把管理和监督寓于实施领导全过程。党委(党组)书记作为第一责任人,必须把责任记在心里、扛在肩上,坚定斗争意志,把握斗争方向,明确斗争任务,掌握斗争规律,讲求斗争方法,增强斗争本领,通过以身作则、以上率下,把每条战线、每个领域、每个环节的监督工作抓具体、抓深入。要坚持权责统一，抓好问责条例贯彻落实，以精准规范有力问责，督促各级党组织和领导干部牢记初心使命、增强政治担当，主动开展和自觉接受监督，推动党的建设和党的事业健康发展。

发挥党内监督主导作用。党的执政地位决定了党内监督在党和国家监督体系中是最基本的、第一位的，党内监督有力有效，其他监督才能发挥作用。要突出党内监督政治属性，增强政治敏锐性和政治鉴别力，推进政治监督具体化和常态化，督促各级党组织和党员领导干部加强政治建设、做到"两个维护"，坚守职能定位、践行职责使命，全面从严治党、正风肃纪反腐，健全制度机制、提高治理能力，确保党的集中统一领导更加坚强有力。补齐日常监督短板，把思想政治工作和群众工作贯穿始终，综合运用平时观察、谈心谈话、检查抽查、列席民主生活会、受理信访举报、督促巡视巡察整改、提出纪检监察建议等形式，把日常监督实实在在做起来，抓早抓小、防微杜渐。全面贯彻中央巡视工作方针，深化政治巡视，完善巡视巡察上下联动格局，建立健全整改常态化、长效化机制，充分彰显巡视监督严肃性和公信力。完善督察落实情况报告制度，提高发现和处置问题能力。上级监督必须加强、同级监督不可偏废、下级监督必须支持，这三点做好了，"关键少数"就能盯紧盯牢。坚持问题导向，注重精准施策，完善对高级干部、各级主要领导干部监督制度，完善领导班子内部监督制度，加强纪委对同级党委特别是常委会委员履行职责、行使权力情况的监督，推动主要领导干部决策和用人情况等在适当范围内公开，确保权力受到严格约束。

强化纪委监委专责监督。纪检监察机关是党内监督和国家监察专责机关，在党和国家监督体系中处于主干位置、发挥保障作用，必须一体推进不敢腐、不能腐、不想腐，统筹推进党的纪律检查体制改革、国家监察体制改革、纪检监察机构改革，在更深层次更高水平上深化转职能、转方式、转作风，不断提升履职尽责水平。加强上级纪委监委对下级纪委监委的领导，坚持查办腐败案件以上级纪委监委领导为主、各级纪委书记副书记提名考察以上级纪委会同组织部门为主，推进双重领导体制具体化、程序化、制度化。发挥纪委监委合署办公优势，健全统一决策、一体运行的工作机制，坚持纪在法前、纪严于法，推动执纪执法贯通、有效衔接司法，提高运用法治思维和法治方式反腐败能力。完善派驻监督体制机制，加强对派驻机构的直接领导和统一管理，实行派驻机构履职考核以上级纪委为主，深化垂直管理单位纪检监察体制改革，推动纪检监察工作向基层延伸，增强人民群众获得感、幸福感、安全感。认真落实纪律检查机关监督执纪工作规则和监察机关监督执法工作规定，强化纪法思维、程序意识，严格工作规程，健全内控机制，对纪检监察干部违纪违法行为"零容忍"，把依规、依纪、依法体现在各方面各环节，推进纪检监察工作规范化、法治化。

推动各类监督有机贯通、相互协调。随着全面深化改革向纵深推进，健全党和国家监督体系，已由前期的夯基垒台、立柱架梁，中期的全面推进、积厚成势，进入系统集成、协同高效的新阶段。各领域各环节监督的关联性互动性明显增强，每一种监督都会对其他监督产生重要影响，也都需要其他监督协同配合，必须上下统筹、联动推进。要紧紧围绕构建党统一领导、全面覆盖、权威高效的监督体系，着力加强党对监督体系建设的统一领导，牢牢掌握主导权；着力消除对公权力行使的监督空白和盲区，把所有党员干部及所有行使公权力的公职人员置于党组织和人民群众监督之下；着力健全协作配合机制，形成配置科学、权责协同、运行高效的监督网。推进纪律监督、监察监督、派驻监督、巡视监督统筹衔接，加强纪检监察机关监督检查部门、派驻纪检监察组、巡视巡察机构之间的信息互通、监督互动，汇聚监督合力。健全人大监督、民主监督、行政监督、司法监督、群众监督、舆论监督制度，发挥审计监督、统计监督职能作用，健全信息沟通、线索移送、措施配合、成果共享等工作机制，以党内监督为主导，推动各类监督有机贯通、相互协调、形成合力。

> 制度自信

辩证把握"制"与"治"

国家治理的中心问题是"制"与"治",即制度与治理。完整的国家治理由"制"与"治"共同构成。辩证把握"制"与"治",对于坚持和完善中国特色社会主义制度、推进国家治理体系和治理能力现代化,把我国制度优势更好转化为国家治理效能具有积极意义。

"制"与"治"内在联系。一方面,"制"是"治"的依据。国家治理体系根据国家制度构建,治理体系的结构、联系、规则、运作等是由国家制度性质决定的;国家治理的一切工作和活动都是依据国家制度来展开的,国家治理的方向、道路是由国家制度确定的。另一方面,"治"是"制"的实现。例如,我国国家治理体系和治理能力是国家制度及其执行能力的集中体现,其中治理体系是国家制度在国家治理中的具体化、实体化，治理能力是国家制度在贯彻落实中的主体化、应用化。

"制"与"治"相互依存，共同构成一个统一的有机整体。"凡将立国，制度不可不察也。"制度是关系党和国家事业发展的根本性、全局性、稳定性、长期性问题，只有建立好的制度，才能形成合理有效的治理。同时，治理的好坏直接关乎制度的存亡与兴废。没有有效治理，再好的制度也难以发挥作用。不能将国家制度和国家治理等同起来，并非国家制度健全了，国家治理水平就能自然而然地提高。只有不断提高国家治理能力，才能充分发挥制度效能，彰显制度优越性。治理能力和水平的提高，也会使制度进一步完善、发展。例如，治国理政的先进理念和成功经验常常会为制度所吸收，转化为成熟定型的制度。

"制"与"治"的统一在实践中形成和发展，只有从实践出发才能合理把握"制"与"治"的关系。先进的国家制度不是主观设定和随意创造出来的，而是根据社会发展规律形成和制定的。中国特色社会主义制度是党和人民在长期实践探索中形成的科学制度体系，是对共产党执政规律、社会主义建设规律、人类社会发展规律深入探索的结果。随着实践的发展，制度和治理也需要发展。一般来说，制度具有相对稳定性，但不能停滞不变。实践在发展，制度须创新，以不断增强制度的适应性。同时，治理也必须面对社会实践中出现的新情况、新特点，切实改进方式方法，提高现代化水平。制度建设要增强前瞻性、把握主动权，既积极应对当今世界百年未有之大变局，又研判思考我国改革发展中不断出现的新问题，多一些未雨绸缪。治理要增强协调性，持续有序推进。治理是一项系统工程，牵一发而动全身，既有顶层设计，又有配套实施，应坚持统筹兼顾、协调发展。要提高精准性，实现精细治理。随着制度体系和治理体系的建立和完善，治理从粗放管理走向精准治理。这就要求增强问题意识、树立问题导向，努力使治理扎实到位，力求取得实效。

辩证把握"制"与"治"，关键在于明确合理方式与途径，使制度优势更好转化为治理效能。首先，要提高制度执行力。习近平总书记指出："要强化制度执行力，加强制度执行的监督，切实把我国制度优势转化为治理效能。"提高制度执行力是坚持和完善中国特色社会主义制度、推进国家治理体系和治理能力现代化的必然要求，只有切实提高制度执行力才能有效增强治理能力。其次，要全面深化改革。让制度优势充分释放出来，需要继续把新时代改革开放推向前进。只有破除各种体制机制障碍，才能充分释放制度潜能，提高治理现代化水平。正因如此，完善和发展中国特色社会主义制度、推进国家治理体系和治理能力现代化成为全面深化改革的总目标，实现总目标的过程也是全面深化改革的过程。再次，要全面推进依法治国。依法治国是现代制度文明的基本标志,也是实现国家治理体系和治理能力现代化的重要基石。要不断完善各方面法律制度,坚持依法治国、依法执政、依法行政共同推进,坚持法治国家、法治政府、法治社会一体建设,用法治来实现制度与治理的有机衔接,不断提高国家治理体系和治理能力现代化水平。

中国特色社会主义制度好在哪里

何毅亭

中国特色社会主义制度是具有鲜明中国特色、显著制度优势、强大自我完善能力的先进制度，为中华民族迎来从站起来、富起来到强起来的伟大飞跃提供了根本制度保证。"中国之治"的核心密码正在于"中国之制"。

中国特色社会主义制度具有独特创造性

一个国家选择什么样的国家制度，是由这个国家的历史传承、文化传统、经济社会发展水平决定的，是由这个国家的人民决定的。中国特色社会主义制度从我国悠久的政治文化传统中生长起来，从近代以后中国反抗外来侵略、争取民族独立和人民解放的斗争中生长起来，从社会主义事业的艰苦创立和艰辛探索中生长起来，是中国共产党和中国人民的伟大创造，也是人类制度文明史上的伟大创造。

这个制度的创造性在于，它是马克思主义社会形态理论在中国的创造性实践，是科学社会主义学说在制度层面的具体化，是社会主义制度在中国的实现形式。社会主义从理论到实践再到多国实践乃至发展到今天的全部历程表明，社会主义制度是一般形态与特殊形态的统一体。社会主义制度一般形态的原理已经由马克思、恩格斯和列宁等经典作家作出科学回答，这个一般形态只有通过一个个具体国家的社会主义制度才能体现出来，只有呈现为具体的民族形态、时代形态、国别形态才是现实的。也就是说，社会主义制度的实现形态没有也不可能有适合各国情况的统一模式，只能是把科学社会主义基本原理同各国实际和时代特征相结合，走符合本国国情的社会主义道路，建立有本国特色的社会主义制度。邓小平同志指出："马克思列宁主义的普遍真理与本国的具体实际相结合，这句话本身就是普遍真理。"

这个制度的创造性在于，它是中国共产党领导中国人民在革命、建设、改革长期实践探索中形成的科学制度体系。我们党在革命、建设、改革历程中，依据马克思主义基本原理，从我国国情出发，凝聚人民群众的智慧和力量，持续建构科学、规范、稳定的制度体系，为国家发展提供了制度保障和制度支撑。中华人民共和国成立后，人民代表大会制度、中国共产党领导的多党合作和政治协商制度等的建立，奠定了中华民族从站起来、富起来走向强起来的制度基础。改革开放以来，通过各方面体制机制的改革创新，我国国家制度和国家治理体系不断完善。中国特色社会主义制度由一整套制度构成严密完整、系统集成的制度体系，包括党的领导制度体系、人民当家作主制度体系、中国特色社会主义法治体系、中国特色社会主义政府治理体系、社会主义基本经济制度、社会主义先进文化制度、民生保障制度、社会治理制度、生态文明制度体系、党对人民军队的绝对领导制度、"一国两制"制度体系、对外事务制度、党和国家监督体系等方面。在中国特色社会主义制度体系中，起四梁八柱作用的是根本制度、基本制度、重要制度，其中具有统领地位的是党的领导制度。我国国家治理一切工作和活动都依照中国特色社会主义制度展开，形成覆盖各方面各领域的国家治理体系和治理能力，保障国家生活和社会生活正常运转。

这个制度的创造性在于，它是中国共产党为人类探索更好社会制度所提供的中国方案。西方一些人认为，西方制度是实现现代化的唯一选择，是普世的制度模式。历史终结论者则宣称，资本主义自由民主制度是"人类意识形态进化的终点"和"人类最后一种统治形式"。新中国 70 年的实践向世界说明一个真理：治理一个国家、推动一个国家实现现代化，并不是只有选择西方制度模式这一条道路，各国完全可以走出自己的道路来。每个国家、每个民族都有权选择适合自己的制度，开创具有本国特色的现代化道路。中国特色社会主义制度的巨大成功，就是有力证明。"中国之治"及其展现的中国特色社会主义制度优势，向世界展示了现代化道路的多样性、人类文明的丰富性以及国家制度和国家治理体系的可选择性，为发展中国家走向现代化提供了全新选择。

中国特色社会主义制度具有巨大优越性

看一个制度好不好、优越不优越,应当从政治上、大的方面去评判和把握,主要看是否符合国情、是否有效管用、是否得到人民拥护。"鞋子合不合脚,自己穿了才知道。"世界上没有完全相同的政治制度模式,政治制度不能脱离特定的社会政治条件和历史文化传统来抽象评判,更不能生搬硬套外国政治制度模式。

中国特色社会主义制度是有多方面显著优势的国家制度。习近平总书记在庆祝全国人民代表大会成立60周年大会上的重要讲话中提出了衡量政治制度"八个能否"的标准,指出:评价一个国家政治制度是不是民主的、有效的,主要看国家领导层能否依法有序更替,全体人民能否依法管理国家事务和社会事务、管理经济和文化事业,人民群众能否畅通表达利益要求,社会各方面能否有效参与国家政治生活,国家决策能否实现科学化、民主化,各方面人才能否通过公平竞争进入国家领导和管理体系,执政党能否依照宪法法律规定实现对国家事务的领导,权力运用能否得到有效制约和监督。党的十九届四中全会从13个方面凝练概括的中国特色社会主义制度的显著优势,体现了"八个能否"的衡量标准,证明中国特色社会主义制度是一个行得通、真管用、有效率的制度。中国特色社会主义制度之所以具有13个方面的显著优势,很重要的在于我们党把开拓正确道路、发展科学理论、建设有效制度有机统一起来,用中国化的马克思主义、发展着的马克思主义指导国家制度建设,及时把成功实践经验转化为制度成果,使我国国家制度既体现科学社会主义基本原则,又具有鲜明的中国特色、民族特色、时代特色;很重要的还在于这个制度从来不排斥任何有利于中国发展进步的他国国家治理经验,而是博采众长,坚持以我为主、为我所用,去其糟粕、取其精华,能够在自我完善和发展中长期保持和不断增强自己的优越性。

中国特色社会主义制度是保证人民当家作主的国家制度。我国是工人阶级领导的、以工农联盟为基础的人民民主专政的社会主义国家,国家的一切权力属于人民。中国特色社会主义制度坚持党的领导、人民当家作主、依法治国有机统一,把党的领导作为人民当家作主和依法治国的根本保证,把人民当家作主作为社会主义民主政治的本质特征,把依法治国作为党领导人民治理国家的基本方式,推动三者统一于我国社会主义民主政治伟大实践。习近平总书记强调:"民主不是装饰品,不是用来做摆设的,而是要用来解决人民要解决的问题的。"我国的人民当家作主制度,具体地、现实地体现在中国共产党执政和国家治理之中,具体地、现实地体现在党和国家机关各个方面、各个层级的工作之中,具体地、现实地体现在人民依法通过各种途径和形式管理国家事务、管理经济和文化事业、管理社会事务的实践之中,是服务全体人民、保障全体人民根本权益的制度,而不是为某一个特定阶级、特定集团利益服务的制度。这正是中国特色社会主义制度与资本主义制度的根本区别所在,也是中国特色社会主义制度有效运行、不断完善、巩固发展的基础所在。

中国特色社会主义制度是解放和发展社会生产力、增强社会活力的国家制度。中华人民共和国成立以来特别是改革开放以来,中国共产党带领中国人民取得的发展成就和治理成就举世瞩目。从一穷二白到经济总量稳居世界第二,从人民温饱不足到进入世界中等收入国家行列,从物资短缺到成为全球货物贸易第一大国,从封闭半封闭到参与全球治理,从世界体系边缘到日益走近世界舞台中央,中国经历如此巨变,用几十年时间走完了发达国家几百年走过的工业化历程。我国经济快速发展奇迹和社会长期稳定奇迹,从根本上说正是中国特色社会主义制度的奇迹。中国特色社会主义制度具有的强大生命力和巨大优越性,集中到一点,就是这个制度能够持续推动拥有十四亿多人口大国进步和发展、确保拥有五千多年文明史的中华民族实现"两个一百年"奋斗目标进而实现伟大复兴。

中国特色社会主义制度与时俱进,不断完善和发展

恩格斯说过:"所谓'社会主义社会'不是一种一成不变的东西,而应当和任何其他社会制度一样,把它看成是经常变化和改革的社会。"特别是在中国这样一个经济文化落后的半殖民地半封建的东方大国夺取全国政权、建立社会主义制度,是马克思主义发展史上的崭新课题,更要把马克思主义基本原理同中国具体实际相结合,不断探索实践,不断改革创新。实践证明,中国特色社会主义制度是在改革开放中与时俱进、不断实现自我完善和发展的制度。

中国特色社会主义制度是特色鲜明、富有效率的好制度,但还不是成熟定型、尽善尽美的制度。相比我国经济社会发展的要求和人民群众的期待,相比当今世界正经历百年未有之大变局的新形势,

相比实现国家长治久安的伟大目标，我国国家制度和国家治理体系还有不少亟待改进的地方，中国特色社会主义制度达到更加成熟更加定型依然任重道远。新时代，必须适应国家现代化总进程，提高党科学执政、民主执政、依法执政水平，提高国家机构履职能力，提高人民群众依法管理国家事务、经济社会文化事务、自身事务的能力，实现党、国家、社会各项事务治理制度化、规范化、程序化，不断提高运用中国特色社会主义制度有效治理国家的能力。

党的十九届四中全会围绕在我国国家制度和国家治理体系上应该"坚持和巩固什么、完善和发展什么"这个重大政治问题，明确了各项制度必须坚持的根本点和完善发展的方向，并且作出了工作部署。这次全会既阐明了必须牢牢坚持的重大制度和原则，又部署了需要深化的重大体制机制改革、需要推进的重点工作任务，体现了守正创新的科学方法论，体现了系统集成、协同高效的制度特色，体现了强烈的问题导向，为新时代坚持和完善中国特色社会主义制度、推进国家治理体系和治理能力现代化指明了努力方向，为推动各方面制度更加成熟、更加定型提供了基本遵循。

新时代坚持和完善中国特色社会主义制度、推进国家治理体系和治理能力现代化，是有方向、有立场、有原则的。习近平总书记强调："我们全面深化改革，不是因为中国特色社会主义制度不好，而是要使它更好；我们说坚定制度自信，不是要故步自封，而是要不断革除体制机制弊端，让我们的制度成熟而持久。"习近平总书记还指出："推进国家治理体系和治理能力现代化，绝不是西方化、资本主义化。"中国是一个大国，在涉及国家制度这样的根本性问题上，在涉及发展方向的大是大非面前，绝不讲模棱两可的话，绝不做遮遮掩掩的事，绝不犯颠覆性错误。我们要在坚持和巩固已经建立起来并经过实践检验的根本制度、基本制度、重要制度前提下，坚持解放思想、实事求是、与时俱进、求真务实，以坚持和完善中国特色社会主义制度、推进国家治理体系和治理能力现代化为主轴，深刻把握我国发展要求和时代潮流，坚决破除一切不合时宜的思想观念和体制机制弊端，继续深化各领域各方面体制机制改革，深入把握制度建设规律，注重改革系统性、整体性、协同性，善于总结实践经验和基层创造，及时将理论创新、实践创新成果上升到制度层面，使中国特色社会主义制度优越性不断增强、充分彰显。

《人民日报》（2019 年 12 月 26 日）

★ 拓展阅读

始终坚定制度自信

坚持和完善中国特色社会主义制度、推进国家治理体系和治理能力现代化，必须坚定制度自信。

这是因为，中华人民共和国成立70多年来，我们党领导人民不断探索实践，逐步形成中国特色社会主义制度，为当代中国发展进步提供了根本制度保障。我国国家治理一切工作和活动都依照中国特色社会主义制度展开，我国国家治理体系和治理能力是中国特色社会主义制度及其执行能力的集中体现。

制度是国家之基、社会之规、治理之据，治理是制度在实践中的运用，是制度功能的发挥。我国国家制度和国家治理体系以马克思主义为指导，具有深厚的理论根基，是马克思主义基本原理同中国具体实际相结合的结晶。它创造性地运用马克思主义国家学说建设社会主义国家制度，逐步确立并巩固了中国的国体、政体、根本政治制度、基本政治制度、基本经济制度和各方面的重要制度，推动中国特色社会主义制度不断完善、中国特色社会主义法律体系不断健全；植根中国大地，牢牢把握社会主义初级阶段这个基本国情，牢牢立足社会主义初级阶段这个最大实际，在实践中逐步成熟、逐步定型，能够有效解决中国面临的现实问题，集中体现中国特色社会主义的特点和优势，推动党和国家事业不断向前发展；深刻把握中国的历史文化传统，传承和弘扬中华文化精神，具有深厚中华文化根基，确保自身在实践中的运行具有坚实文化支撑；坚持和完善人民当家作主制度体系，发展社会主义民主政治，坚持推进社会主义民主政治制度化、规范化、程序化，保证人民依法通过各种途径和形式管理国家事务，管理经济文化事业，管理社会事务。正因如此，我国国家制度和国家治理体系为党和国家事业发展、为人民幸福安康、为社会和谐稳定、为国家长治久安提供了有力制度保障。

当今世界正经历百年未有之大变局，我国正处于实现中华民族伟大复兴的关键时期。充分运用大变局蕴含的历史机遇，有效应对大变局带来的风险挑战，在民族复兴的关键时期迈上新的台阶，必须依靠国家制度和治理体系的有力支撑和高效运行。只要始终坚持、不断完善这一以马克思主义为指导、植根中国大地、具有深厚中华文化根基、深得人民拥护的制度和治理体系，推动各方面制度更加成熟更加定型，我们就能在新时代更好地坚持和发展中国特色社会主义。

这是因为，我们的制度和治理体系具有强大生命力和巨大优越性，为党领导人民创造世所罕见的经济快速发展奇迹和社会长期稳定奇迹提供制度支撑和治理保障，推动中华民族迎来了从站起来、富起来到强起来的伟大飞跃。坚持和完善中国特色社会主义制度、推进国家治理体系和治理能力现代化，需要深刻认识中国特色社会主义制度和国家治理体系的强大生命力和巨大优越性。

看一种制度和治理体系是否具有生命力和优越性，要从政治上、大的方面去评判和把握。比如，看其能否在制度上坚持以人民为中心，保证人民当家作主；能否从制度上解放和发展社会生产力，破除体制机制的弊端；是否具有自我完善的制度韧性，促进治理体系更加科学、治理方式更加有效；能否发掘维护社会公正的制度潜能，保证最大多数人共享治理利益；等等。一些国家长期陷入社会动荡，冲突不已、乱象丛生，一个根本性原因就是制度建设落后、治理能力疲弱。我国国家制度和国家治理体系，吸收借鉴人类制度文明和治理经验的有益成果，经过长期实践检验，具有强大生命力和巨大优越性。党的十九届四中全会深刻总结了我国国家制度和国家治理体系13个方面的显著优势，这是中国特色社会主义制度和国家治理体系强大生命力和巨大优越性的具体体现。

我国国家制度和国家治理体系之所以能形成13个方面的显著优势，是有其深刻原因的。比如，我们党始终坚持对制度和治理体系建设的全面领导，保证了制度和治理体系建设的正确方向。特别是以习近平同志为核心的党中央科学谋划民族复兴大业、国家发展大计，在党的十八届三中全会上提出全面深化改革的总目标是完善和发展中国特色社会主义制度、推进国家治理体系和治理能力现代化。党的十九届四中全会提出坚持和完善中国特色社会主义制度、推进国家治理体系和治理能力现代化的总体目标，进一步指明了制度和治理体系建设的正确方向。又如，我们党从党的性质宗旨、初心使命出发，始终坚持以人民为中心巩固和发展制度和治理体系，保证了国体和政体的高度统一，根本制度、基本制度、重要制度的高度协调，保证人民当家作主，保障社会公平正义和人民权利。再如，我们党深刻把握"三大规律"，坚持从制度层面推进国家治理现代化，使制度体系与治理体系相互融合、制度功能与治理能力相互增强，保证了国家治理现代化的制度优势。

这是因为，以坚持和完善中国特色社会主义制度、推进国家治理体系和治理能力现代化为强大牵引和有力保障，必将持续推动拥有14亿多人口大国进步和发展、确保拥有5000多年文明史的中华民族实现第二个百年奋斗目标，进而实现中华民族伟大复兴。

坚持和完善中国特色社会主义制度、推进国家治理体系和治理能力现代化的总体目标，与国家现代化总体进程相协调的总体目标，旨在构建系统完备、科学规范、运行有效的制度体系，把我国制度优势更好转化为国家治理效能，实现党、国家、社会各项事务治理制度化、规范化、程序化，为实现第二个百年奋斗目标、实现中华民族伟大复兴的中国梦提供有力保证。实现治理制度化，就是要把制度作为治理之本，依靠制度进行治理。治理制度化，最重要的是依法治理，全面依法治国是治理制度化的集中体现。要提高运用制度进行治理的能力，增强制度治理的权威性。实现治理规范化，就要突出治理科学化、标准化，遵循治理规律，细化治理标准。实现治理程序化，就要把程序作为解决问题、达到目的、促进发展所必须经过的阶段，把治理风险降至最小，把治理效益提至最大。

坚持和完善中国特色社会主义制度、推进国家治理体系和治理能力现代化是一项战略工程、系统工程，必须在党中央统一领导下进行。中华人民共和国成立以来，我们党在国家制度和国家治理体系建设方面取得了历史性成就，积累了宝贵经验。特别是党的十八大以来，以习近平同志为核心的党中央领导人民统筹推进"五位一体"总体布局、协调推进"四个全面"战略布局，推动中国特色社会主义制度更加完善、国家治理体系和治理能力现代化水平明显提高，为政治稳定、经济发展、文化繁荣、民族团结、人民幸福、社会安宁、国家统一提供了有力保障。只要坚持党的领导、科学谋划、精心组织，远近结合、整体推进，不管遇到什么样的复杂矛盾、风险挑战，我们都能应对，从而在坚持和完善中国特色社会主义制度、推进国家治理体系和治理能力现代化上不断取得新进展。

> 制度自信

中国制度和治理体系的优势所在

党的十九届四中全会系统概括了我国国家制度和国家治理体系13个方面的显著优势,深刻回答了中国特色社会主义为什么能、为什么行、为什么好的历史之问。

彰显我国国家制度和国家治理体系的最大优势。中国制度既体现科学社会主义基本原则,又具有鲜明的中国特色,具有独特的制度优势。中国共产党领导是中国特色社会主义最本质的特征,是中国特色社会主义制度的最大优势。我们党作为最高政治领导力量的这种领导地位,不是凭空而来的,而是历史的选择,人民的选择。新中国70多年的奋斗历程表明,坚持党的全面领导,坚决维护党中央权威,健全总揽全局、协调各方的党的领导制度体系,把党的领导落实到国家治理各领域各方面各环节,坚持用共产主义远大理想和中国特色社会主义共同理想凝聚全党、团结人民，坚持用党的科学理论武装全党、教育人民，深入学习贯彻习近平新时代中国特色社会主义思想，是推进国家治理现代化的重要保障。显著优势的第一条就是，坚持党的集中统一领导，坚持党的科学理论，保持政治稳定，确保国家始终沿着社会主义方向前进的显著优势。这鲜明回答了领导核心、旗帜、道路、方向等制度体系中最根本问题，在制度层面把党、国家、社会主义事业有机统一起来，揭示了社会主义国家治理和无产阶级政党的内在联系，表明我们党对"三大规律"的认识达到新高度。

　　彰显我国国家制度和国家治理体系的根本属性。我国是工人阶级领导的、以工农联盟为基础的人民民主专政的社会主义国家，国家的一切权力属于人民。坚持人民主体地位，坚定不移走中国特色社会主义政治发展道路，是坚持社会主义国家根本政治制度的必然要求。保证人民当家作主，关键是要坚持党的领导、人民当家作主、全面依法治国的有机统一。党的领导是实现人民当家作主和全面依法治国的根本保证；人民当家作主是社会主义民主政治的本质和核心，党的领导和依法治国都是为实现人民当家作主；全面依法治国是党领导人民治理国家的基本方略，是党的领导和人民当家作主的法制保障。显著优势的第二条明确，坚持人民当家作主，发展人民民主，密切联系群众，紧紧依靠人民推动国家发展的显著优势；第三条明确，坚持全面依法治国，建设社会主义法治国家，切实保障社会公平正义和人民权利的显著优势。这些显著优势阐明了党的领导、人民当家作主、全面依法治国的内在关系，表明我国国家制度和国家治理体系能够有效保证人民享有更加广泛、更加充实的权利和自由，保证人民广泛参加国家治理和社会治理，彰显了我国人民民主专政的国体和人民代表大会制度的政体性质，回答了新时代中国发展什么样的民主政治、怎样发展社会主义民主政治等重大问题，明确了坚定不移走中国特色社会主义政治发展道路的重要遵循。

彰显我国国家制度和国家治理体系的强大治理效能。中华人民共和国成立70多年来，从社会主义革命到社会主义建设，从改革开放到中国特色社会主义进入新时代，亿万人民群众在党的领导下，团结一心，众志成城，以主人翁的姿态，满怀豪情地投身社会主义事业，创造一个又一个人间奇迹，取得令世界刮目相看的伟大成就。在改革开放伟大实践中，我们党创造性地发展完善了公有制为主体、多种所有制经济共同发展，按劳分配为主体、多种分配方式并存，社会主义市场经济体制等社会主义基本经济制度，推动生产力迅猛发展，经济总量跃居世界第二，综合国力和国际影响力实现历史性跨越。历史充分证明，以民主集中制原则建立起来的国家制度能够有效调节国家政治关系，发展充满活力的政党关系、民族关系、宗教关系、阶层关系、海内外同胞关系，增强民族凝聚力，形成安定团结的政治局面；能够集中力量办大事，有效促进社会生产力解放和发展，促进现代化建设各项事业，促进人民生活质量和水平不断提高。显著优势的第四、五、六条强调，坚持全国一盘棋，调动各方面积极性，集中力量办大事的显著优势；坚持各民族一律平等，铸牢中华民族共同体意识，实现共同团结奋斗、共同繁荣发展的显著优势；坚持公有制为主体、多种所有制经济共同发展和按劳分配为主体、多种分配方式并存，把社会主义制度和市场经济有机结合起来，不断解放和发展社会生产力的显著优势。这些显著优势蕴含着新中国70多年来国家治理的丰富历史内涵和宝贵经验，揭示了中国特色社会主义制度促进民族复兴、国家富强、人民幸福的制度密码。

彰显我国国家制度和国家治理体系的动力支撑和活力之源。改革创新是党和国家兴旺发达的不竭动力。党的十一届三中全会以来，党团结带领人民与时俱进，改革创新，不断破除阻碍发展的一切思想和体制障碍，开辟了中国特色社会主义道路，使中国大踏步赶上时代。一部改革开放史，就是社会主义制度的自我完善、自我发展史。坚持改革创新、与时俱进，善于自我完善、自我发展，使社会充满生机活力的显著优势，深刻揭示了改革是推动中国特色社会主义蓬勃发展的重要动力支撑，是中国特色社会主义制度的鲜明特色。人才是事业发展最宝贵的财富,是治国理政的根本性资源。衡量一种国家制度是否具有优势,一个很重要的标准,就是看它能否广纳群贤,用制度机制把各方面优秀人才聚集起来,让各类人才的创造活力竞相迸发、聪明才智充分涌流。坚持德才兼备、选贤任能,聚天下英才而用之,培养造就更多更优秀人才的显著优势,彰显我国国家制度和国家治理体系在组织制度和人才战略上的特点,从制度机制上揭示社会主义事业始终保持蓬勃活力的奥秘。

彰显我国国家制度和国家治理体系的核心价值观。一个国家选择什么样的治理体系,是由这个国家的历史传承、文化传统、经济社会发展水平决定的,是由这个国家的人民决定的。新中国成立后特别是改革开放以来,我们党根据我国传统、现实国情和长期治理经验,创造性地推进国家治理体系现代化,创造了不同于历史上其他社会主义国家、也不同于西方资本主义国家的治理模式。中国特色社会主义制度和国家治理体系不是凭空产生的,是在我国历史传承、文化传统、经济社会发展的基础上长期发展、渐进改进、内生性演化的结果,寄托着共产党人的理想信念和价值追求,凝结着党和人民长期奋斗、创造、积累的根本成就,继承和发扬了中华优秀传统文化。坚持共同的理想信念、价值理念、道德观念,弘扬中华优秀传统文化、革命文化、社会主义先进文化,促进全体人民在思想上精神上紧紧团结在一起的显著优势;坚持以人民为中心的发展思想,不断保障和改善民生、增进人民福祉,走共同富裕道路的显著优势。这些显著优势反映了我国国家制度和国家治理体系的历史传承和文化传统,体现了我们党的根本宗旨和社会主义核心价值观。

13

不断开辟"中国之治"新境界

陈曙光

制度是治国之重器,良制是善治之前提。习近平总书记指出,坚持和完善中国特色社会主义制度、推进国家治理体系和治理能力现代化,"这是实现'两个一百年'奋斗目标的重大任务"。我国国家制度和国家治理体系是党和人民长期奋斗、接力探索、历尽千辛万苦、付出巨大代价得来的,是中国革命、建设、改革的必然产物。实现"两个一百年"奋斗目标的重大任务,必须坚持和完善中国特色社会主义制度,把我国制度优势更好转化为国家治理效能,不断开辟"中国之治"新境界。

当代中国发展进步的根本保证

中国特色社会主义制度是中国共产党和中国人民的伟大创造,

是当代中国发展进步的根本保证。我们要有高度制度自信。

这一制度是被实践证明的好制度。习近平总书记指出，中国特色社会主义是不是好，要看事实，要看中国人民的判断，而不是看那些戴着有色眼镜的人的主观臆断。中华人民共和国成立以来特别是改革开放以来，中国的发展成就举世瞩目，中华民族迎来了从站起来、富起来到强起来的伟大飞跃。中国在这么短的时间内经历这么大的制度变革、这么快的经济增长，用几十年时间走完发达国家几百年走过的工业化历程，把许多不可能变成了可能。应该说，中国经济快速发展奇迹和社会长期稳定奇迹，也是中国特色社会主义制度的奇迹。

这一制度是符合中国国情的最优制度选择。中国是一个幅员辽阔，有着14亿多人口的大国。建立和发展我国国家制度，要坚持从国情出发、从实际出发。中国特色社会主义制度的构建和成功实践，向世界说明了一个道理：治理一个国家，推动一个国家实现现代化，并非只有西方制度模式这一条道路，各国完全可以走出自己的道路来。我们要坚定制度自信，坚持和完善中国特色社会主义制度，推进国家治理体系和治理能力现代化。

这一制度是中国共产党和中国人民的伟大创造。中国特色社会主义制度的伟大创造性在于：它是马克思主义社会形态理论在中国的创造性实践，是科学社会主义学说在制度层面的具体化，是我们党将马克思主义国家学说与我国制度建设具体实际成功结合的典范，为发展马克思主义国家学说作出了原创性贡献。中国特色社会主义制度是人类制度文明史上的伟大创造，为实现社会主义现代化提供了有力保障，为人类探索更好社会制度提供了中国方案。

与"两个一百年"奋斗目标协同一致

1992年，邓小平同志指出："恐怕再有三十年的时间，我们才会在各方面形成一整套更加成熟、更加定型的制度。"党的十四大提出："在九十年代，我们要初步建立起新的经济体制，实现达到小康水平的第二步发展目标。再经过二十年的努力，到建党一百周年的时候，我们将在各方面形成一整套更加成熟更加定型的制度。"党的十五大、十六大、十七大都对制度建设提出了明确要求。

党的十八大以来，以习近平同志为核心的党中央把制度建设摆到更加突出的位置，强调全面建成小康社会，必须以更大的政治勇气和智慧，不失时机深化重要领域改革，坚决破除一切妨碍科学发展的思想观念和体制机制弊端，构建系统完备、科学规范、运行有效的制度体系，使各方面制度更加成熟更加定型。党的十八届三中全会首次提出推进国家治理体系和治理能力现代化这个重大命题，并把完善和发展中国特色社会主义制度、推进国家治理体系和治理能力现代化确定为全面深化改革的总目标。党的十八届五中全会强调，"十三五"时期要实现各方面制度更加成熟更加定型，国家治理体系和治理能力现代化取得重大进展，各领域基础性制度体系基本形成。

党的十九大作出到21世纪中叶把我国建成社会主义现代化强国的战略安排，其中制度建设和治理能力建设的目标是：到2035年，

"各方面制度更加完善,国家治理体系和治理能力现代化基本实现";到 21 世纪中叶,"实现国家治理体系和治理能力现代化"。党的十九届二中、三中全会分别就修改宪法、深化党和国家机构改革作出部署,在制度建设和治理能力建设上迈出新的重大步伐。党的十九届三中全会指出:"我们党要更好领导人民进行伟大斗争、建设伟大工程、推进伟大事业、实现伟大梦想,必须加快推进国家治理体系和治理能力现代化,努力形成更加成熟更加定型的中国特色社会主义制度。这是摆在我们党面前的一项重大任务。"

  党的十九届四中全会准确把握我国国家制度和国家治理体系的演进方向和规律,描绘了制度建设的时间表、路线图。全会通过的《决定》对坚持和完善中国特色社会主义制度、推进国家治理体系和治理能力现代化进行系统总结并提出总体目标。这个总体目标,对标我们党在新时代的战略安排,进一步明确:"到我们党成立一百年时,在各方面制度更加成熟更加定型上取得明显成效;到二〇三五年,各方面制度更加完善,基本实现国家治理体系和治理能力现代化;到新中国成立一百年时,全面实现国家治理体系和治理能力现代化,使中国特色社会主义制度更加巩固、优越性充分展现。"这就明确回答了在我国国家制度和国家治理体系上应该"坚持和巩固什么、完善和发展什么"这个重大政治问题,明确提出了我国国家制度和国家治理体系建设的总体目标和战略安排,既阐明了必须牢牢坚持的重大制度和原则,又部署了推进制度建设的重大任务和举措,坚持根本制度、基本制度、重要制度相衔接,统筹顶层设计和分层对接,统筹制度改革和制度运行,体现了总结历史和面向未来的统

一、保持定力和改革创新的统一、问题导向和目标导向的统一，必将对推动各方面制度更加成熟更加定型、把我国制度优势更好转化为国家治理效能产生重大而深远的影响。

努力使各方面制度更加成熟更加定型

中国特色社会主义制度是个好制度，并不是说它已经尽善尽美、不需要完善和发展了。实现"两个一百年"奋斗目标，内在地要求在坚持根本制度、基本制度、重要制度的基础上，不断推进制度体系完善发展，构建系统完备、科学规范、运行有效的制度体系，使各方面制度更加成熟更加定型。

保持战略定力。方向决定道路，道路决定命运。习近平总书记指出，我们的改革开放是有方向、有立场、有原则的，我们的方向就是不断推动社会主义制度自我完善和发展，而不是对社会主义制度改弦易张。中华人民共和国成立以来特别是改革开放以来，我们逐步形成一系列符合国情、行之有效的制度，必须长期坚持。例如，人民代表大会制度在国家政治制度中具有根本性质，在国家政权组织体系中具有根本地位。新时代坚持和发展中国特色社会主义，必须充分发挥人民代表大会制度这一根本政治制度作用，继续通过人民代表大会制度牢牢把国家和民族前途命运掌握在人民手中。要增强战略定力，坚守政治原则和底线，决不能在根本性问题上出现颠覆性错误。

从实际出发制定新的制度。推进全面深化改革，要抓紧制定国家治理体系和治理能力现代化急需的制度、满足人民对美好生活新期待必备的制度。例如，党的十八大以来，以习近平同志为核心的党中央从政治和全局高度推进监督制度改革，建立集中统一、权威高效的党和国家监督体系；坚持用最严格制度、最严密法治保护生态环境，逐步构建起产权清晰、多元参与、激励约束并重、系统完整的生态文明制度体系。推动中国特色社会主义制度不断自我完善和发展、永葆生机活力，就要坚持从实际出发制定新的制度，实现改革举措的有机衔接、融会贯通。

将已有成熟经验和做法上升为制度。中国特色社会主义事业是前无古人的开创性事业。在推进中国特色社会主义事业的伟大实践过程中，我们坚持及时总结成功经验和成熟做法，对其进行认真梳理和提炼，并适时将其上升为制度规定，不断完善和发展中国特色社会主义制度和国家治理体系。例如，我们党在总结长期历史经验特别是党的十八大以来新鲜经验的基础上，提出建立不忘初心、牢记使命的制度。这一制度创举，对于坚持思想建党、理论强党、制度治党具有重大而深远的意义。认真总结实践经验和创新做法，增强其全面性、系统性和集成性，形成长期、稳定、可靠的制度，有利于更好指导实践。

《人民日报》（2020年1月2日）

★ 拓展阅读

创造"中国之治"的根本所在

中华人民共和国成立70多年来,我们党领导人民创造了世所罕见的经济快速发展奇迹和社会长期稳定奇迹,中华民族迎来了从站起来、富起来到强起来的伟大飞跃,"中国之治"令世界惊叹。"中国之治"的核心密码在于"中国之制",在于我国国家制度和国家治理体系的显著优势。党的十九届四中全会阐明了我国国家制度和国家治理体系13个方面的显著优势,其中第一个显著优势就是"坚持党的集中统一领导,坚持党的科学理论,保持政治稳定,确保国家始终沿着社会主义方向前进的显著优势"。这一显著优势深刻体现了"中国共产党领导是中国特色社会主义最本质的特征,是中国特色社会主义制度的最大优势,党是最高政治领导力量",是我们能够创造"中国之治"的根本所在。

中国共产党领导是中国制度的最大优势。我国社会主义政治制度优越性的一个突出特点是党总揽全局、协调各方的领导核心作用,形象地说是"众星捧月",这个"月"就是中国共产党。在国家治理体系的大棋局中,党中央是坐镇中军帐的"帅",车马炮各展其长,一盘棋大局分明。如果中国出现了各自为政、一盘散沙的局面,不仅我们确定的目标不能实现,而且必定会产生灾难性后果。

是不是优势要看事实。中华人民共和国成立70多年来,我们党不断解放和发展社会生产力,带领全国人民创造了"两个奇迹"。同时,在党的坚强领导下,我国始终坚持中国特色社会主义政治发展道路、发展社会主义民主政治,始终坚持在发展中保障和改善民生、在共建共治共享中加强社会治理,我国长期保持社会和谐稳定、人民安居乐业,成为世界上最有安全感的国家之一。

历史和现实一再表明,党的领导是中国特色社会主义制度的最大优势,是党和国家的根本所在、命脉所在,是全国各族人民的利益所在、幸福所在,是其他各方面制度发挥作用的关键,是其他各方面显著优势充分发挥的保证。中华人民共和国成立70多年来,正是在党的集中统一领导下,我们建立和完善社会主义制度,形成和发展党的领导和经济、政治、文化、社会、生态文明、军事、外事等各方面制度,加强和完善国家治理,为党和国家事业发展提供了有力保障。我们党是以科学理论为指导的马克思主义政党,坚持党的集中统一领导与坚持党的科学理论是有机统一的。我们始终坚持党的科学理论,以党的创新理论凝心聚力、培根铸魂,指引党和人民团结奋斗。实践证明,坚持党的集中统一领导,坚持党的科学理论,才能既不走封闭僵化的老路也不走改旗易帜的邪路,而是坚定不移走中国特色社会主义道路,最终实现中华民族伟大复兴的中国梦。

党的领导具有统领地位。党的领导制度是我国的根本领导制度。我们推进各方面制度建设、推动各项事业发展、加强和改进各方面工作，都必须坚持党的领导，自觉贯彻党总揽全局、协调各方的根本要求。只有深刻认识党的领导的统领地位，始终坚持党的集中统一领导，才能保证我国国家制度和国家治理体系始终坚持正确方向、科学高效运转，才能充分发挥我国国家制度和国家治理体系各方面的显著优势。

党的领导的统领地位是全过程的。全过程是指我国国家制度和国家治理体系显著优势的形成、发展和进一步完善都离不开党的领导，坚持党的领导必须一以贯之。中华人民共和国成立以来，我们党团结带领人民，坚持把马克思主义基本原理同中国具体实际相结合，不断探索、不断实践，建立和完善我国国家制度和国家治理体系。我国国家制度和国家治理体系13个方面的显著优势，正是在党的领导下形成的，体现了党的性质和宗旨、初心和使命，体现了党的基本理论、基本路线、基本方略。比如，"坚持人民当家作主，发展人民民主，密切联系群众，紧紧依靠人民推动国家发展的显著优势""坚持以人民为中心的发展思想，不断保障和改善民生、增进人民福祉，走共同富裕道路的显著优势"，都彰显了党的性质和宗旨、初心和使命，是党的根本政治立场、群众路线等在制度建设中的集中体现。新的征程上，充分发挥多方面显著优势，必须一以贯之坚持党的领导。

党的领导的统领地位是全方位的。全方位是指我国国家制度和国家治理体系的显著优势在各领域各方面充分发挥作用，都离不开党的领导。中华人民共和国成立以来,正是在党的领导下,我们在经济、政治、法治、科技、文化、教育、民生、民族、宗教、社会、生态文明、国家安全、国防和军队、"一国两制"和祖国统一、统一战线、外交、党的建设等各领域各方面形成了科学制度。党的十八大以来,我们党领导人民统筹推进"五位一体"总体布局、协调推进"四个全面"战略布局,推动中国特色社会主义制度更加完善、国家治理体系和治理能力现代化水平明显提高,为政治稳定、经济发展、文化繁荣、民族团结、人民幸福、社会安宁、国家统一提供了有力保障,我国国家制度和国家治理体系具有的多方面显著优势得到充分发挥。实践充分证明,无论哪一方面显著优势的发挥,无论哪一方面事业的发展,都必须坚持党的领导。离开党的领导,各方面显著优势就难以充分发挥。

坚持和完善党的领导制度体系。制度稳则国家稳,制度强则国家强。制度优势是一个国家的最大优势,制度竞争是国家间最根本的竞争。长期以来,在党的坚强领导下,我国国家制度和国家治理体系已经形成多方面显著优势。新的征程上,我们必须始终保持并不断增强中国共产党领导这一中国特色社会主义制度的最大优势,把我国制度优势更好转化为国家治理效能。

更好发挥党的领导这一最大优势,就要推动党的领导制度体系更加科学严密、更加成熟定型、更有效率活力,不断提高党科学执政、民主执政、依法执政水平。制度更加成熟更加定型是一个动态过程,国家治理体系和治理能力现代化也是一个动态过程,不可能一蹴而就,也不可能一劳永逸。新的征程上,我们还会遇到不少困难和阻力、风险和挑战。无论在任何时候、任何情况下，我们都要始终坚持党的领导，在这一点上不能有丝毫动摇。牢牢把握和充分发挥"坚持党的集中统一领导，坚持党的科学理论，保持政治稳定，确保国家始终沿着社会主义方向前进的显著优势"，其他方面显著优势的发挥就有了根本保证，我国制度优势就能更好地转化为国家治理效能，新时代中国特色社会主义就能不断从胜利走向胜利。

> 制度自信

法治为制度注入强大活力

全面推进依法治国是坚持和发展中国特色社会主义的本质要求和重要保障,是国家治理领域一场广泛而深刻的革命。它不仅是"四个全面"战略布局的重要组成部分,而且是全面建设社会主义现代化国家、全面深化改革和全面从严治党的制度基础和法治保障,为中国特色社会主义制度注入强大活力。

丰富制度的理论内涵。全面依法治国是我们党根据马克思主义国家与法的基本原理,在借鉴吸收古今中外人类法治文明有益成果的基础上,从当代中国国情和社会主义法治实践出发,作出的事关党执政兴国和国家长治久安的重大战略部署。它鲜明回答了中国特色社会主义法治国家建设面临的理论与实践问题,是对社会主义法治性质、功能与实现途径的系统认识,极大地丰富了中国特色社会主义制度的理论内涵。首先,体现在它坚持人民主体地位的本质要求上,即坚持国家一切权力属于人民,立党为公、执政为民,坚持法治为了人民、依靠人民、造福人民。其次,体现在它坚持法律面前人人平等的基本要求上,即维护国家法治统一、尊严、权威,切实保证宪法法律有效实施,实现社会公平正义,绝不允许以言代法、以权压法、徇私枉法。最后,体现在它形成社会共识的重要功能上,即能更好发挥法治在统筹社会力量、平衡社会利益、调节社会关系、规范社会行为中的建设性作用,凝聚全社会意愿和要求的最大公约数,使我国社会在深刻变革中既生机勃勃又井然有序。

完善制度的体系建设。习近平总书记强调,我们要建设的中国特色社会主义法治体系,本质上是中国特色社会主义制度的法律表现形式。这深刻揭示了中国特色社会主义法治体系和中国特色社会主义制度之间相互联系、有机统一的关系。中国特色社会主义法治体系是中国特色社会主义制度的文本表达和规范解读、载体和根本保障,建设中国特色社会主义法治体系就是完善中国特色社会主义制度体系。中国特色社会主义法律体系形成后,建设中国特色社会主义法治体系是我国法治建设迈入新的历史阶段的必然要求,目标是形成完备的法律规范体系、高效的法治实施体系、严密的法治监督体系、有力的法治保障体系和完善的党内法规体系。这五大体系既有理论层面,也有实践层面;既有制度层面,也有运行层面;既有国家层面,也有党的层面。涵盖了法律制定与法律实施、法治运行与保障机制、依法治国与从严治党等各个方面、各个环节，既能实现依法治国、依法执政、依法行政共同推进，也能实现法治国家、法治政府、法治社会一体建设。对中国特色社会主义制度体系建设来说，法治体系建设既是其基本任务，也是其得以确立并产生效能的关键，全面依法治国全方位地完善了社会主义制度的体系建设，并孕育出一套与之配套、保障其运行的体制机制。

促进制度的深化发展。推动中国特色社会主义制度更加成熟、更加定型，为党和国家事业发展、为人民幸福安康、为社会和谐稳定、为国家长治久安提供一整套更完备、更稳定、更管用的制度体系，是摆在我们面前的一项重大历史任务。要不断完善发展中国特色社会主义制度，就必须促进国家治理体系和治理能力现代化。从总体上讲，当前我们的国家治理体系和治理能力是好的，具有独特优势，适合我国国情和发展要求。但是，也必须清醒认识到，与我国经济社会发展的要求相比，与人民群众的期待相比，与当今世界日趋激烈的国际竞争相比，与实现国家长治久安的历史任务相比，我们的国家治理体系和治理能力都还有许多不足。因此，必须从各个领域推进国家治理体系和治理能力现代化，保持国家治理体系的有效运转。全面依法治国是规则之治、制度之治，它可以改革不适应实践发展要求的体制机制，不断构建新的体制机制，使各方面制度更加科学、更加完善，实现党、国家、社会治理制度化、规范化、程序化；也可以不断提高党科学执政、民主执政、依法执政水平，提高国家机构履职能力，提高人民群众依法管理国家事务、经济社会文化事务和自身事务的能力，把各方面的制度优势转化为国家治理的实际效能。

我国国家制度和国家治理体系的深厚历史底蕴

李国强

党的十九届四中全会通过的《中共中央关于坚持和完善中国特色社会主义制度、推进国家治理体系和治理能力现代化若干重大问题的决定》指出,中国特色社会主义制度和国家治理体系"是具有强大生命力和巨大优越性的制度和治理体系",并从13个方面系统概括了其显著优势。中国特色社会主义制度和国家治理体系之所以具有强大生命力和巨大优越性,一个重要原因就在于其具有深厚历史底蕴。深入把握中国特色社会主义制度和国家治理体系的深厚历史底蕴,有利于我们坚定制度自信。

我国国家制度和国家治理体系具有深厚思想文化底蕴

一个国家选择什么样的国家制度和国家治理体系，是由这个国家的历史文化、社会性质、经济发展水平决定的。在中华民族几千年文明发展史中，既有升平之世社会发展进步的成功经验，也有衰乱之世社会动荡的深刻教训。无论是历史经验还是历史教训，都为坚持和完善中国特色社会主义制度、推进国家治理体系和治理能力现代化提供了滋养。特别是中国历史上关于国家制度和国家治理的丰富思想，为我国国家制度和国家治理体系发展提供了深厚的思想文化底蕴。

习近平总书记指出："中国优秀传统文化的丰富哲学思想、人文精神、教化思想、道德理念等，可以为人们认识和改造世界提供有益启迪，可以为治国理政提供有益启示"。早在先秦时期，《尚书》《诗经》《左传》等文献就记载了我国早期国家制度和治理思想。由秦汉而下，中经隋唐，下至明清，我国关于国家制度和国家治理的丰富思想历2000余年而不衰。大道之行、天下为公的大同理想，六合同风、四海一家的大一统传统，德主刑辅、以德化人的德治主张，民贵君轻、政在养民的民本思想，等贵贱均贫富、损有余补不足的平等观念，法不阿贵、绳不挠曲的正义追求，孝悌忠信、礼义廉耻的道德操守，任人唯贤、选贤与能的用人标准，周虽旧邦、其命维新的改革精神，亲仁善邻、协和万邦的外交之道，以和为贵、好战必亡的和平理念，等等，这些思想中的精华是中华优秀传统文化的重要组成部分，它们作用于国家制度、运用于国家治理，在历朝历代治乱兴衰中不断充实和发展。

比如，德主刑辅、以德化人的德治主张，是中华优秀传统文化的重要内容，对于我国国家制度和国家治理体系发展具有重要意义。"德主刑辅"肇始于先秦"明德慎罚"的观念，中经"为政以德"的阐扬，最终由董仲舒提出，成为此后中国传统社会的基本治国方略。但仅有德治尚不足以达到国家有效治理的目标，我国古人找到了另一把"钥匙"，即法治。"法者，治之端也。"充分表明法制与法治所具有的地位；"徒善不足以为政，徒法不能以自行。"强调了依法而治的重要意义。这些思想对于坚持和完善中国特色社会主义制度、推进国家治理体系和治理能力现代化具有重要借鉴意义。

又如，中华优秀传统文化强调，民惟邦本，本固邦宁；谋度于义者必得，事因于民者必成；得其民，斯得天下矣；为君之道，必先存百姓；等等。这些至理名言至今仍然振聋发聩、发人深省。为了谁、依靠谁，这是一个根本性、原则性问题，决定国家制度和国家治理体系的性质、方向、目标。失去民心，国家制度和国家治理体系就是无源之水、无本之木。始终代表中国最广大人民根本利益，保证人民当家作主，体现人民共同意志，维护人民合法权益，是中国特色社会主义制度和国家治理体系的本质属性。

我国国家制度和国家治理体系具有深厚实践基础

在人类发展史上，中国之所以能长期处于领先地位，一个重要

中国制度优势十八讲

原因在于中国自古以来就形成了一整套国家制度和国家治理体系。这套国家制度和国家治理体系历经数千年，各项制度既前后相继、互为关联，又不断发展、持续变革，呈现出由不成熟逐步走向成熟乃至体系化的特点，为中国特色社会主义制度和国家治理体系发展提供了历史借鉴和历史智慧。

以夏商周的分封制为开端，古代中国先后建立郡县制、郡国并行制、三公九卿制、刺史制、三省六部制、行省制等一整套政治制度；先后实行井田制、贡赋制、编户制、均田制、租庸调制、两税法、一条鞭法、摊丁入亩法等一整套土地制度和经济制度；先后实施世官制、察举制、九品中正制、科举制等一整套选官用人制度；先后推行府兵制、募兵制、禁军制、猛安谋克制、八旗制等一整套军事制度；等等。这些制度涉及各个领域，因时而异、因地而异，创设了国家政权的体制机制，规范了各级管理行为和社会秩序，确保了国家权力运行，为维护国家统一、促进社会安定、推动经济发展、推进文明教化等发挥了不可或缺的作用。可以说，古代中国取得的辉煌成就，与制度上在当时处于先进地位密不可分。正因如此，中国的国家制度为周边国家和民族所纷纷学习和模仿。

但要清醒地看到，封建社会的历史局限性必然造成制度上的先天不足。进入近代以后，中国的封建统治者腐朽无能，帝国主义列强入侵，导致中国逐步沦为半殖民地半封建社会，统治中国几千年的君主专制制度难以为继，中国社会陷入深重灾难。为救亡图存，无数仁人志士前仆后继，在黑暗和屈辱中探索新的国家制度和国家治理体系，君主立宪制、联邦制、内阁制、议会制、共和制、多党制、总统制等各种制度粉墨登场，最终都以失败而告终。

1921年中国共产党成立后，中国人民在中国共产党领导下走上了实现民族独立、人民解放和国家富强、人民幸福的道路。无论在新民主主义革命时期，还是在中华人民共和国成立之后，我们党都团结带领人民不断探索建立和完善新型国家制度。社会主义制度的确立，实现了中国历史上最深刻最伟大的社会变革，为当代中国一切发展进步奠定了根本政治前提和制度基础。改革开放以来，我们党团结带领人民开创了中国特色社会主义，不断完善国家制度和国家治理体系，当代中国焕发出前所未有的生机活力。党的十八大以来，我们党领导人民统筹推进"五位一体"总体布局、协调推进"四个全面"战略布局，推动中国特色社会主义制度更加完善、国家治理体系和治理能力现代化水平明显提高，为政治稳定、经济发展、文化繁荣、民族团结、人民幸福、社会安宁、国家统一提供了有力保障。由此可见，中国特色社会主义制度和国家治理体系深深植根中国大地，是在中国共产党领导中国人民进行革命、建设、改革的长期实践中形成的，是马克思主义基本原理同中国具体实践相结合的产物，具有深厚实践基础。

在汲取历史智慧中坚持和完善我国国家制度和国家治理体系

新时代坚持和完善中国特色社会主义制度、推进国家治理体系和治理能力现代化，要善于归纳总结我国源远流长、博大精深的治国理政思想和经验，从历史中汲取智慧，与时俱进坚持和完善我国国家制度和国家治理体系。

党的十八大以来，以习近平同志为核心的党中央高度重视从历史中总结治国理政的得与失、成与败，并将其有益成果运用于中国特色社会主义伟大实践，不断完善和发展中国特色社会主义制度和国家治理体系。比如，2013年4月19日，中共中央政治局就我国历史上的反腐倡廉进行第五次集体学习，习近平总书记在主持学习时强调："研究我国反腐倡廉历史，了解我国古代廉政文化，考察我国历史上反腐倡廉的成败得失，可以给人以深刻启迪，有利于我们运用历史智慧推进反腐倡廉建设。"2014年10月13日，中共中央政治局就我国历史上的国家治理进行第十八次集体学习，习近平总书记在主持学习时强调："对古代的成功经验，我们要本着择其善者而从之、其不善者而去之的科学态度，牢记历史经验、牢记历史教训、牢记历史警示，为推进国家治理体系和治理能力现代化提供有益借鉴。"2018年11月26日，中共中央政治局就中国历史上的吏治举行第十次集体学习，习近平总书记在主持学习时强调："我国历朝历代都重视官吏选拔和管理，强调'为政之要，惟在得人'、'育才造士，为国之本'。我国古代吏治思想和做法既积累了丰富的治吏经验，也带有明显的历史局限，其中有不少封建糟粕，这是我们必须注意的。中央政治局集体学习安排中国历史上的吏治这个题目，目的是了解我国历史上吏治的得失，为建设高素质干部队伍提供一些借鉴。"我们要切实贯彻习近平总书记系列重要讲话精神，科学把握我国历史上治国理政的思想内涵和盛衰兴亡的历史规律，从我国历史上2000多年间国家权力机制、人才选拔、社会管理、行政建制、廉政建设等一系列治国理政的制度实践中撷取精华，为坚持和完善中国特色社会主义制度、推进国家治理体系和治理能力现代化提供历史经验和实践智慧。

《人民日报》（2020年1月14日）

★ 拓展阅读

改革开放增强制度自信

新时代坚定制度自信,中国人自信什么?答案是:经过40多年改革开放,我们具备了藉以自信的制度体系。

中国制度是中国共产党和中国人民近一个世纪以来探索、奋斗、创造、积累的根本成就之一。如今我们可以自豪地说,中国制度就是人民代表大会制度的根本政治制度,中国共产党领导的多党合作和政治协商制度、民族区域自治制度以及基层群众自治制度等基本政治制度,中国特色社会主义法律体系,公有制为主体、多种所有制经济共同发展的基本经济制度,以及建立在这些制度基础上的经济体制、政治体制、文化体制、社会体制等各项具体制度。这表明,中国制度已经形成完整体系。回望历史,正是改革开放让中国制度进入前所未有的发展时期。40多年来,这一制度的体系更加完备、结构更加完善、特色更加明显、功能更加健全,有力保障了中国特色社会主义事业的发展。

作为根本政治制度的人民代表大会制度,是中国人民在人类政治制度史上的伟大创造。改革开放让人民代表大会制度的发展有了新起点。1982年宪法再次确定人民代表大会是国家权力机关的地位,明确国家机构实行民主集中制的原则。党的十八大以来,人民代表大会制度与时俱进,不断发展。当前,人民代表大会制度已经成为我国人民当家作主的根本途径和最高实现形式,成为中国共产党在国家政权中充分发扬民主、贯彻群众路线的最好实现形式,中国特色社会主义政治制度自我完善和发展的根基更加牢固。

由中国共产党领导的多党合作和政治协商制度、民族区域自治制度以及基层群众自治制度等,构成中国特色社会主义基本政治制度。人民政协作为社会主义协商民主的重要渠道和专门协商机构,坚持聚焦党和国家中心任务,围绕团结和民主两大主题,大力推进了社会主义协商民主在中国的发展。符合国情的民族区域自治制度在维护国家主权和领土完整、加强民族平等团结、促进民族地区发展等方面起到了重要作用。基层群众自治制度作为我国一项基本政治制度,在城乡社区治理、基层公共事务和公益事业中发展出自我管理、自我服务、自我教育、自我监督的一套体制,是人民当家作主的实现形式之一。

中国特色社会主义法律体系已经形成,正是改革开放40多年中国制度发展和完善的标志性成就之一。1982年宪法的颁布和实施,标志着中国特色社会主义法律体系里程碑式的发展。党的十五大提出:依法治国,建设社会主义法治国家。2011年,中国特色社会主义法律体系已经形成,依法治国实现了阶段性目标。党的十八大以来，以习近平同志为核心的党中央坚持依法治国、依法执政、依法行政共同推进，坚持法治国家、法治政府、法治社会一体建设，展现了法治中国的光明前景。

公有制为主体、多种所有制经济共同发展的中国特色社会主义基本经济制度，在改革开放中焕发出勃勃生机。党的十一届三中全会以后，以家庭联产承包责任制为突破口，在坚持公有制为主体的前提下，所有制结构开始调整。随着社会主义初级阶段理论的提出，多种所有制形式开始共同发展，为社会主义市场经济体制的提出和发展建立了良好基础。党的十八大以来，习近平总书记多次强调，基本经济制度是中国特色社会主义制度的重要组成部分，也是完善社会主义市场经济体制的必然要求。党的十九大系统概括了坚持社会主义基本经济制度的原则，那就是毫不动摇巩固和发展公有制经济，毫不动摇鼓励、支持、引导非公有制经济发展，使市场在资源配置中起决定性作用，更好发挥政府作用。

总结中国制度40多年的发展，改革开放的实践过程是根本制度、基本制度、具体制度之间逻辑关系日渐清晰的过程。具体制度是根本制度和基本制度在实践中的具体规范、体制或运行机制，是制度运行中的动态活跃层面。党的十八大明确区分了中国特色社会主义制度体系中的根本制度、基本制度和具体制度，为坚定制度自信提供了科学依据。

坚定制度自信，现在中国人为什么能够做到？因为改革开放奠定起坚实的实践基础，彰显出中国制度的优势。

改革开放以来，党领导人民通过不断创新和发展，逐步完善中国特色社会主义制度体系，为国家富强和人民幸福奠定了坚实基础。中国制度坚持把根本政治制度、基本政治制度同基本经济制度以及各方面体制机制等具体制度有机结合起来，坚持把国家层面民主制度同基层民主制度有机结合起来，坚持把党的领导、人民当家作主、依法治国有机结合起来，符合我国国情，集中体现了中国特色社会主义的特点和优势，是中国发展进步的根本制度保障。

中国制度是符合国情的先进制度。近代以来，中国社会各阶级和阶层都在为合理有效的制度进行不断的探索、设计与安排，但始终没有找到适合国情的制度方案。社会主义制度的建立，让中国发生了翻天覆地的变化。改革开放以后，中国共产党人坚持走自己的路，建设有中国特色的社会主义，制度优势不断发扬光大。40多年改革开放的历程，是中国制度生命力不断彰显的过程。历史雄辩证明，中国制度是当代中国发展进步的根本制度保障，是具有鲜明中国特色、明显制度优势、强大自我完善能力的先进制度。

党的领导、人民当家作主和依法治国有机统一于我国社会主义民主政治的伟大实践。改革开放以来，三者关系在中国特色社会主义政治发展实践中不断实现优化组合。党的十六大提出，发展社会主义民主政治，最根本的是要把坚持党的领导、人民当家作主和依法治国有机统一起来。党的十八大以来，习近平总书记反复强调，人民代表大会制度是坚持党的领导、人民当家作主、依法治国有机统一的根本制度安排。从此，三者有机统一找到了有效的制度载体、可靠的实施平台和规范的运行轨道，让中国特色社会主义根本政治制度显示出独特的优越性。

社会主义协商民主成为体现人民民主真谛的重要形式，成为中国制度的特有形式和独特优势。人民通过选举、投票行使权利和人民内部各方面在重大决策之前进行充分协商，尽可能就共同性问题取得一致意见，是中国社会主义民主的两种重要形式。中国特色社会主义协商民主，是在中国共产党统一领导下多种形式协商的集合，通过人民群众广泛参与，为达成社会共识找到最大公约数，画出最大同心圆，能够有效调节社会主义政治关系。

公有制为主体、多种所有制经济共同发展的基本经济制度形成和社会主义市场经济体制的建立，为中国特色社会主义事业展现了光明前景。正是有了中国特色社会主义基本经济制度的基础支撑，有了社会主义市场经济的方向，我们坚持以人民为中心的发展思想，坚持用新发展理念统领发展全局，国家竞争力大幅攀升，国内生产总值稳居世界第二，人民生活水平大幅改善，充分展示了社会主义制度的优越性。

改革发展稳定关系的处理，让中国走出了一条崭新的制度建设道路。中国共产党治国理政的重要经验之一，就是正确处理改革发展稳定之间的关系。只有良好的制度，才能实现三者关系的动态平衡，把改革的力度、发展的速度和社会可承受的程度统一起来。实践证明，中国制度是正确处理改革发展稳定关系的有效制度，也为发展中国家走向现代化提供了一条新的途径。

坚定制度自信，中国人怎样获取持久的动力？答案非常明确，靠继续全面深化改革，不断实现社会主义制度的自我完善和发展。

没有坚定的制度自信就不可能有全面深化改革的勇气，同样，离开不断改革，制度自信也不可能彻底、不可能久远。40多年的历史实践证明，改革开放是决定当代中国命运的关键抉择，是坚持和发展中国制度的必由之路，也为坚定制度自信注入不竭之源。

坚定制度自信，不是要故步自封，而是要不断革除体制机制弊端，让我们的制度成熟而持久。实现社会主义制度的自我完善，需要改革不适应实践发展要求的体制机制、法律法规，把各方面制度优势转化为国家治理的效能，不断提升国家治理能力。

牢牢坚持党的领导、人民当家作主和依法治国三者有机统一，毫不动摇坚持党对一切工作的领导，完善人民当家作主制度体系，推进全面依法治国。党政军民学，东西南北中，党是领导一切的。人民代表大会制度是人民当家作主的根本制度安排。与时俱进坚持和完善人民代表大会制度，必须加强人民代表大会及其常委会的工作机关建设，健全人大组织制度和工作制度，加强人大作为代表机关的建设。同时，要推进社会主义协商民主广泛多层次制度化发展。全面依法治国是国家治理的一场深刻革命。只有推进全面依法治国，才能实现国家长治久安。坚持党的领导、人民当家作主、依法治国有机统一，是完善社会主义政治制度的要义之所在。

继续处理好改革发展稳定之间关系，着力增强改革的系统性、整体性、协同性，不断提升制度绩效，使人民的获得感、幸福感、安全感更加充实、更有保障、更可持续。我国仍处于并将长期处于社会主义初级阶段的基本国情没有变，作为世界最大发展中国家的国际地位没有变，发展不平衡不充分的问题依然存在。必须统筹推进经济、政治、文化、社会、生态文明等方面的改革发展，尤其要坚持社会主义市场经济方向，从体制上保证市场在资源配置中起决定性作用、更好发挥政府作用，坚持毫不动摇地发展公有制经济，也毫不动摇地支持、保护、扶持民营经济发展、非公有制经济发展，构建亲清新型政商关系，凝聚磅礴之力，共同推动全面建成小康社会，实现全体人民的共同富裕，实现人的全面发展和社会的全面进步，不断提升制度自信的可持续性。

清醒认识根本制度、基本制度与具体制度之间的逻辑结构，深化党和国家机构改革，构建系统完备、科学规范、运行高效的党和国家机构职能体系。党和国家机构职能体系是中国制度的重要组成部分，涉及根本制度和基本制度基础上的经济体制、政治体制、文化体制、社会体制等各项具体制度。正确处理根本制度、基本制度和具体制度三者之间的辩证关系，在坚持中国特色社会主义根本制度和基本制度毫不动摇基础上，与时俱进改革各项具体制度，创新体制机制，下决心解决党和国家机构职能体系中存在的障碍和弊端，为中国制度的自我完善和发展创造前提条件，以更好发挥我国国家制度的优越性。

历史和现实昭示人们，中国制度有着雄厚的历史底蕴，在改革开放中拓展成完整的制度体系，迸发出无限生机与活力。中国共产党人和中国人民已经表现出前所未有的制度自觉。随着中国制度的自我完善，必将使党和人民更加坚定制度自信，从而进一步坚定道路自信、理论自信和文化自信。

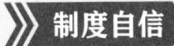

制度优势增强制度自信

党的十九届四中全会对我国国家制度和国家治理体系的显著优势进行了系统总结和概括,集中回答了在国家制度和国家治理体系上"坚持和巩固什么、完善和发展什么"这个重大政治问题,进一步坚定了广大干部群众的制度自信。

中国共产党带领中国人民在革命、建设、改革历程中,依据马克思主义基本原理,从我国国情出发,凝聚人民群众的智慧和力量,持续建构科学、规范、稳定的制度体系,为国家发展提供了制度保障和制度支撑。中华人民共和国成立后,人民代表大会制度、中国共产党领导的多党合作和政治协商制度、民族区域自治制度等的建立,奠定了中华民族从站起来、富起来走向强起来的制度基础。改革开放以来,通过各方面体制机制的改革创新,国家制度和国家治理体系不断完善。党的十八大以来，以习近平同志为核心的党中央在全面深化改革中，注重解决体制性的深层次问题，推出一系列重大改革举措，有效解决了国家治理体系的结构性矛盾，制度体系更加优化、制度运行更加顺畅。我国国家制度和国家治理体系的显著优势，是对中华人民共和国成立70多年来我国制度建设历史经验、发展规律的深刻总结。

中国特色社会主义制度是一个相互衔接、支撑有力、运行有效的制度体系。党的十九届四中全会从13个方面总结了我国国家制度和国家治理体系的显著优势，涵盖国家制度体系的各领域各方面，揭示了国家制度运行的内在逻辑。其中，中国共产党领导是中国特色社会主义最本质的特征，是中国特色社会主义制度的最大优势。我国国家制度和国家治理体系深得人民拥护，根本原因在于坚持人民当家作主，发展人民民主，不断实现好、维护好、发展好最广大人民根本利益，调动了人民的积极性主动性创造性。

改革开放以来特别是党的十八大以来，党和国家事业取得历史性成就、发生历史性变革，国家制度和国家治理体系提供了坚强保障和支撑。实践证明，中国特色社会主义制度和国家治理体系具有强大生命力和巨大优越性，是能够持续推动拥有十四亿多人口大国进步和发展、确保拥有五千多年文明史的中华民族实现伟大复兴的制度和治理体系。

当今世界正经历百年未有之大变局，国家制度优势是应对国际变局的重要支撑。改革开放以来我国综合国力和国际竞争力显著提升的背后，是国家制度和国家治理体系的日益完善。中国特色社会主义制度具有强大的自我完善和发展能力，这是其保持强大生命力的内在原因。随着时代发展、社会变革，新矛盾、新问题不断涌现，国家制度和国家治理体系需要不断完善。

党的十九届四中全会对坚持和完善中国特色社会主义制度、推进国家治理体系和治理能力现代化的总体目标、发展步骤进行科学部署，对坚持和完善中国特色社会主义制度的具体任务、行动路径进行周密安排。可以预期，系统完备、科学规范、运行有效的制度体系构建，将进一步提高国家治理体系和治理能力现代化水平，进一步把我国制度优势转化为国家治理效能，到社会主义现代化强国建成之时，也将是我国国家制度和国家治理体系臻于完善之时。

深刻把握显著优势的根源

陈金龙

党的十九届四中全会审议通过的《中共中央关于坚持和完善中国特色社会主义制度、推进国家治理体系和治理能力现代化若干重大问题的决定》，全面回答了在我国国家制度和国家治理体系上应该"坚持和巩固什么、完善和发展什么"这个重大政治问题，从13个方面系统概括了我国国家制度和国家治理体系的显著优势，深刻揭示出我国国家制度和国家治理体系为什么具有强大生命力和巨大优越性。坚定制度自信，坚持和发展新时代中国特色社会主义，就要讲清楚我国国家制度和国家治理体系的显著优势源自何处。

源自马克思主义科学理论指导

从根本上说，我国国家制度和国家治理体系优势源于理论优势。

马克思主义是科学的理论、人民的理论、实践的理论、不断发展的开放的理论,是我们立党立国的根本指导思想。马克思主义的立场观点方法以及关于国家制度建设和国家治理的基本原理,为我国国家制度和国家治理体系的形成和发展提供了科学指导。

辩证唯物主义是中国共产党人的世界观和方法论。这一科学理论告诉我们,在国家制度和国家治理体系建设中,要坚持客观地而不是主观地、发展地而不是静止地、全面地而不是片面地、系统地而不是零散地、普遍联系地而不是孤立地观察事物、分析问题、解决问题。我们党科学运用辩证唯物主义推进我国国家制度和国家治理体系建设,正确分析矛盾,克服极端化、片面化,运用辩证思维,既明确必须牢牢坚持的重大制度和原则,又部署推进制度建设的重大任务和举措,坚持根本制度、基本制度、重要制度相衔接,统筹顶层设计和分层对接,统筹制度改革和制度运行,坚持总结历史和面向未来的统一、保持定力和改革创新的统一、问题导向和目标导向的统一,从而让我国国家制度和国家治理体系更加系统完备、科学规范、运行有效。

历史唯物主义是关于人类社会发展一般规律的科学。这一科学理论表明,建设国家制度和国家治理体系,要掌握社会基本矛盾分析法,把生产力和生产关系的矛盾运动同经济基础和上层建筑的矛盾运动结合起来观察,把社会基本矛盾作为一个整体来观察,全面把握社会的基本面貌和发展方向。我们党坚持以历史唯物主义为指引,让我国国家制度和国家治理体系不仅适应现阶段我国社会生产力发展水平,而且适应社会生产力发展趋势,通过不断完善我国国家制度和国家治理体系，推动社会生产力不断向前发展，实现物的不断丰富和人的全面发展的统一。在坚持和完善我国国家制度和国家治理体系中，我们党牢牢坚持人民是历史创造者的观点，坚持以人民为中心，做到发展为了人民、发展依靠人民、发展成果由人民共享，让各方面制度和国家治理更好地体现人民意志、保障人民权益、激发人民创造，确保人民依法通过各种途径和形式管理国家事务，管理经济文化事业，管理社会事务。事实表明，正是得益于马克思主义的科学指导，我国国家制度和国家治理体系才能实现合规律性与合目的性有机统一、科学性与人民性有机统一，从而具有显著优势。

源自植根中国大地、具有深厚中华文化根基

一个国家选择什么样的制度和治理体系，是由这个国家的历史传承、文化传统、经济社会发展水平决定的。我国国家制度和国家治理体系植根中国大地、具有深厚中华文化根基，这是其具有显著优势的一个重要源泉。

习近平总书记指出，我国今天的国家治理体系，是在我国历史传承、文化传统、经济社会发展的基础上长期发展、渐进改进、内生性演化的结果。在几千年历史演进中，中华民族创造出灿烂的古代文明，形成了关于国家制度和国家治理的丰富思想。例如，"大道之行，天下为公"的大同理想，"民惟邦本，本固邦宁"的民本思想，"孝悌忠信，礼义廉耻"的道德操守，"周虽旧邦，其命维新"的改

革精神，等等。这些中华优秀传统文化的精华，在我国国家制度和国家治理体系中得到创造性转化、创新性发展，为形成和发挥我国国家制度和国家治理体系显著优势提供了深厚文化根基。

中华人民共和国成立后，我国确立了社会主义基本制度等，开创性地建立起人民当家作主的新型国家制度。进入改革开放新时期，我们党带领人民积极推进党的领导体制和经济体制、政治体制、文化体制、社会体制、生态文明体制、军事体制等方面的改革，不断完善和发展中国特色社会主义制度，国家治理体系的活力和效率不断提升。党的十八大以来，以习近平同志为核心的党中央统筹推进"五位一体"总体布局、协调推进"四个全面"战略布局，推动中国特色社会主义制度更加完善、国家治理体系和治理能力现代化水平明显提高，为党和国家事业取得历史性成就、发生历史性变革提供了有力保障。

党的十九届四中全会系统总结我国革命、建设、改革进程中的制度演变、制度创新，特别是深入总结党的十八大以来以习近平同志为核心的党中央领导全党全国人民坚持和完善中国特色社会主义制度、推进国家治理体系和治理能力现代化取得的重大理论成果、实践成果、制度成果，并将经过实践检验行之有效的方针政策上升为制度。同时，牢牢立足社会主义初级阶段这个最大实际，把握新时代改革开放制度建设分量更重，改革更多面对的是深层次体制机制问题，对改革顶层设计的要求更高，对改革的系统性、整体性、协同性要求更强，相应地建章立制、构建体系的任务更重这一新的内涵和特点，以坚持和完善中国特色社会主义制度、推进国家治理体系和治理能力现代化为主轴，深刻把握我国发展要求和时代潮流，把制度建设和治理能力建设摆到更加突出的位置，继续深化各领域各方面体制机制改革，推动各方面制度更加成熟更加定型，推进国家治理体系和治理能力现代化，为发挥我国国家制度和国家治理体系显著优势提供了坚强保障。

源自深得人民拥护

国家制度和国家治理体系好不好，关键要从基本国情来认识，用实践效果来检验，以人民感受来衡量。我国国家制度和国家治理体系好不好、优越不优越，中国人民最有发言权。

习近平总书记指出，我国国家制度深深植根于人民之中，能够有效体现人民意志、保障人民权益、激发人民创造力。我国国家制度和国家治理体系深深植根于中国人民伟大实践，坚持国家一切权力属于人民，坚持从群众中来、到群众中去，注重从各层次各领域扩大公民有序政治参与，依法实行民主选举、民主协商、民主决策、民主管理、民主监督，切实保障人民知情权、参与权、表达权、监督权，及时回应人民需求和关切。"鞋子合不合脚，自己穿了才知道。"在"一穷二白"的基础上，我国国内生产总值由1952年的679亿元、1978年的3679亿元，增长到2019年接近100万亿元。在经济快速发展的同时，我们应变局、平风波、战洪水、防非典、抗地震、化危机，长期保持国家政治和社会大局稳定。2018年，我国基本养老保险覆盖超过9亿人，基本医疗保险覆盖超过13亿人，基本实现全民医保。我国国家制度和国家治理体系保障我国创造出世所罕见的经济快速发展和社会长期稳定"两大奇迹",推动中华民族迎来了从站起来、富起来到强起来的伟大飞跃,人民群众获得感、幸福感、安全感不断增强。历史和实践充分证明,我国国家制度和国家治理体系体现了最广泛、最真实、最管用的民主,体现了党的群众路线的丰富内涵,深得人民拥护,能够最大限度地凝聚最广大人民的智慧和力量,形成党治国理政的强大合力,因而具有显著优势。

时代在不断发展,实践在不断深入,人民群众对美好生活的需要在不断增长。面对世界百年未有之大变局,面对新时代国家治理的新任务、新要求,只有不断完善和发展我国国家制度和国家治理体系,才能不断发挥我国国家制度和国家治理体系的显著优势,并在不断推进国家治理体系和治理能力现代化中坚定制度自信。

《人民日报》(2020年1月31日)

★ **拓展阅读**

开创独具特色和优势的制度文明

道路和制度紧密相连,道路的成功离不开制度的保障。中国选择自己独具特色的制度,是大浪淘沙的结果。近代以来,中国试穿了各种各样的"鞋子",甚至想照搬西方制度的"飞来峰",但最终都没有成功。直到中国共产党诞生之后,才从根本上改变了这一切。中国共产党带领中国人民通过艰辛奋斗实践,在探索中开辟了中国特色社会主义道路,形成了中国特色社会主义理论体系,确立了中国特色社会主义制度,发展了中国特色社会主义文化。与其他制度相比,我们这套制度在许多方面都具有显著优势,体现了一种独具特色和优势的制度文明。

科学高效的决策和执行。一个国家的决策能力和执行效率,是衡量其制度优劣的重要尺度。朝令夕改,什么事也干不成。阿富汗前总统卡尔扎伊说过:"如果阿富汗有机会重新选择的话,一定会走中国式的发展道路。因为它行动高效,决策果断,以结果为导向。"

这道出了中国制度的一个突出优势。我们的制度，能够着眼人民整体利益和国家长远发展，科学及时决策、高效有力执行，把持续性与开拓性有效地结合起来。每一个五年发展计划或规划的制定，都经过各方面磋商和咨询，几上几下、上下结合，最后形成共识、作出决定。在集中力量办大事、解难事中，我们的制度更展现出强大的执行力。

广泛有效的人民民主。我们的民主是人民民主。有事好商量，众人的事情由众人商量，找到全社会意愿和要求的最大公约数，是人民民主的真谛。我们实行人民代表大会制度这个根本政治制度，实行中国共产党领导的多党合作和政治协商制度、民族区域自治制度以及基层群众自治制度等基本政治制度。人民通过选举、投票行使权力和人民内部实行广泛多层制度化的协商民主，是我国社会主义民主政治的两种重要民主形式。这样的民主形式，不仅有完整的制度程序，而且有完整的参与实践，有利于保证党领导人民有效治理国家，有利于人民持续参与日常政治生活，有利于人民依法实行民主选举、民主决策、民主管理、民主监督，有利于加强社会各种力量的合作协调。相比之下，以多党制、三权鼎立为主要特征的西式民主，日益暴露出其弊端和局限性。一些西方学者认为，近年来西式民主正面临深刻危机，民主制衡演变为权力掣肘，党派博弈绑架国家利益。一些国家盲目"移植"或"被输入"西式民主，反而陷入无休止的政权更迭和社会动荡，造成"民主之殇"。只有扎根本国土壤、汲取充沛养分的民主制度，才最可靠、也最管用。

层层历练的选贤任能。经过长期探索，我们形成了广纳群贤、充满活力的选人用人机制,广泛把各方面优秀人才集聚到党和国家各项事业中来。各级领导干部走上领导岗位,都要通过严格的组织考察、民主推荐等程序,都经过了时间的考验和实践的锤炼,都有着多岗位的基层历练和出色的工作业绩。走红网络的卡通视频《领导人是怎样炼成的》,对此作了生动展示。现在,"中国功夫"式的长期锻炼选贤任能,正得到世界上越来越多有识之士的认可。

市场和政府"两只手"协同发力。我国实行的是社会主义市场经济体制,其显著特点就是既注重发挥市场作用,又注重发挥政府作用,让"看不见的手"与"看得见的手"都用好。这一制度安排,既遵循市场经济的一般规律,又弥补了市场调节的盲目性、自发性和滞后性等缺陷,把市场作用和政府作用很好地结合起来。依靠这个制度,我们拿出了令世人惊叹的"社会主义市场经济成绩单"。而世界上有一些国家,脱离本国实际套用新自由主义开出的"药方",实行完全放任的自由化、私有化和市场化,结果跌入发展"陷阱"难以自拔。根据实践拓展和认识深化,我们党提出"使市场在资源配置中起决定性作用,更好发挥政府作用"的重大理论观点,对市场和政府关系作出新的科学定位。这必将推动我国经济体制改革不断深化,把社会主义市场经济体制的优势进一步发挥出来。

习近平总书记鲜明提出了评价一个国家政治制度民主、有效的八条重要标准:一是主要看国家领导层能否依法有序更替;二是全体人民能否依法管理国家事务和社会事务、管理经济和文化事业;三是人民群众能否畅通表达利益要求;四是社会各方面能否有效参与国家政治生活;五是国家决策能否实现科学化、民主化;六是各方面人才能否通过公平竞争进入国家领导和管理体系；七是执政党能否依照宪法法律规定实现对国家事务的领导；八是权力运用能否得到有效制约和监督。对照这八条重要标准，我们以实践中的决定性进展，交出了令人信服的答卷。实践证明，中国的制度具有巨大优势、韧性、活力、潜能，丰富和发展了人类社会的制度文明。有国外学者指出，西方的发展模式正还原为地区性发展模式，中国制度的成功，开启了各种制度并存、竞争的多元时代。就连"历史终结论"的提出者日裔美籍政治学者福山也认为，中国模式有一些重要优势是西方民主制度不具备的，人类思想文明宝库应为中国留有一席之地。

> 制度自信

中国制度何以充满活力

社会制度是否具有解放和发展社会生产力的活力,是衡量社会制度是否优越的根本标准。中国制度在实践中显示强劲的活力,而这种活力来源于社会主义的生命力、改革开放的创造力、民族精神的凝聚力和中国共产党的治国理政能力。

中国当代社会制度是在根本改造旧制度的基础上建立起来的,其内在活力首先来源于这个制度的根本属性——社会主义。坚持公有制为主体,社会基本矛盾的状况是既相适应又相矛盾,相适应的方面是基本的,相矛盾方面的性质是非对抗性的,可以通过社会制度的自我完善和发展来解决。坚持人民主体地位,社会生产的出发点和落脚点是人民群众的根本利益,社会基本矛盾体现在人与人关系上主要是人民内部矛盾,可以用协商协调、统筹兼顾的方式来解决,为解放和发展生产力开辟道路。通过这"两个坚持"来推进社会公正和共同富裕,以社会公正和共同富裕来调动一切社会力量的积极性、主动性、创造性,使生产力在持续发展中所积累的能量通过制度的不同体制机制传递到全社会,激励全国人民为建设经济发展、政治清明、文化昌盛、社会公正、生态良好的现代化国家,实现中华民族伟大复兴的中国梦而奋斗。

发挥社会主义制度的优越性,充分释放生产力推动社会前进的能量,是一个从可能性向现实性转化的过程,实现这个转化的条件是改革开放。中国的改革开放是自下而上和自上而下相结合、摸着石头过河和顶层设计相统一的过程,这本身就是中国制度巨大生机活力的充分体现。实践证明,只有通过全面深化改革,才能让一切劳动、知识、技术、管理、资本的活力竞相迸发,让一切创造社会财富的源泉充分涌流,让发展成果更多、更公平惠及全体人民。只有通过扩大对外开放,才能真正融入世界大潮,抓住经济全球化过程中的战略机遇,进一步激活中国制度的内在潜力,推动中国赶上时代前进的步伐。习近平总书记指出,30多年来,我们党靠什么来振奋民心、统一思想、凝聚力量?靠什么来激发全体人民的创造精神和创造活力?靠什么来实现我国经济社会快速发展、在与资本主义竞争中赢得比较优势?靠的就是改革开放。

中国特色社会主义制度是马克思主义中国化的产物,独特的文化传统、独特的历史命运、独特的基本国情铸就了中国道路，也铸就了中国制度。中国制度的优越性和韧性不仅在于它是合规律性和合目的性的统一，而且是合时代性和合民族性的统一，这种具有中国特色的优越性和韧性体现制度的生机活力。千百年来，自强不息、厚德载物的理念支撑着中华文明的延续，激励着一代代中国人百折不挠，无数次在逆境中奋起，从黑暗走向光明，从贫穷走向富强，从落后走向先进，这种爱国主义精神是社会主义核心价值观的民族基因，是当代中国社会正能量的重要动能，也是中国制度保持生机活力的精神动力。大力弘扬这一精神，就能在推动改革、促进发展、保持稳定、实现中国梦的过程中凝聚民心，构建共识，形成合力。

中国共产党是中国社会主义制度建立、改革和发展的设计者和领导者。作为一个以先进理论武装，代表中国先进生产力发展要求、代表中国先进文化前进方向、代表中国最广大人民根本利益的工人阶级政党，中国共产党本身就是富有生机和活力的，这是中国制度活力的政治基础。在治国理政实践中，一方面，中国共产党不断深化对共产党执政规律、社会主义建设规律、人类社会发展规律的认识，坚持把改革力度、发展速度和社会可承受的程度统一起来，坚持把解放思想、解放和发展社会生产力、解放和增强社会活力统一起来，以解放思想引领改革，以改革解放和增强制度活力，最终解放和发展社会生产力，使中国特色社会主义制度的优越性更加充分地体现出来；另一方面，中国共产党不断加强自身的制度建设，积极发展党内民主，增强党的创造活力，以扩大党内民主带动人民民主，以增进党内和谐促进社会和谐。

16

推动各方面制度更加成熟更加定型

李忠杰

党的十九届四中全会是我们党站在"两个一百年"奋斗目标历史交汇点上、在中华人民共和国成立70周年之际、在中华民族伟大复兴关键时期召开的一次十分重要的会议。全会审议通过的《决定》把坚持和完善中国特色社会主义制度、推进国家治理体系和治理能力现代化作为全党的一项重大战略任务,深刻揭示了"中国之治"的制度密码,为推动各方面制度更加成熟更加定型、把我国制度优势更好转化为国家治理效能提供了根本遵循。

中国特色社会主义制度在探索和实践中不断完善和发展

中国特色社会主义制度和国家治理体系,是把马克思主义基本原理同中国具体实际相结合、在借鉴新民主主义革命时期我们党在根据地执政的宝贵经验基础上、经过中华人民共和国成立后的长期探索形成和发展起来的。在不断探索、不断实践中，中国特色社会主义制度不断完善和发展。

从中华人民共和国成立到党的十一届三中全会召开前，我们党团结带领人民完成社会主义革命，确立社会主义基本制度，探索适合我国国情的社会主义建设道路，为当代中国一切发展进步奠定了根本政治前提和制度基础。改革开放后，我们党带领人民积极推进党的领导体制和经济体制、政治体制、文化体制、社会体制、生态文明体制、军事体制等方面的改革，建立和完善中国特色社会主义制度，国家治理体系的活力和效率不断提升。邓小平同志指出："改革开放以来，我们立的章程并不少，而且是全方位的。经济、政治、科技、教育、文化、军事、外交等各个方面都有明确的方针和政策，而且有准确的表述语言。"我们党在实践中反复摸索，不断革除体制机制弊端，将适应经济社会发展的有益做法固定下来，不断彰显中国特色社会主义制度的生命力，充分发挥中国特色社会主义制度的功能和优势，中国特色社会主义制度成为当代中国发展进步的根本制度保障。

党的十八大以来，我们党强调必须以更大的政治勇气和智慧，不失时机深化重要领域改革，坚决破除一切妨碍科学发展的思想观念和体制机制弊端，构建系统完备、科学规范、运行有效的制度体系，使各方面制度更加成熟更加定型。党的十八届三中全会明确提出全面深化改革的总目标是完善和发展中国特色社会主义制度、推进国家治理体系和治理能力现代化。在全面深化改革实践中，我们党带领人民坚持问题导向和目标导向相结合，积极推进党和国家制度建设，大力提升国家治理体系和治理能力现代化水平，取得历史性成就。

把制度与治理有机统一起来

坚持和发展中国特色社会主义，离不开制度，也离不开治理。只有把制度与治理有机统一起来，才能把我国制度优势更好地转化为国家治理效能。这是我国制度建设面临的重要任务，也是推动各方面制度更加成熟更加定型的内在要求。

制度与治理相辅相成。制度好不好，要看治理效能好不好；治理效能好不好，又取决于制度是否科学完善。因此，党的十八届三中全会提出"推进国家治理体系和治理能力现代化"这个重大命题，把"完善和发展中国特色社会主义制度"与"推进国家治理体系和治理能力现代化"有机统一起来，作为全面深化改革的总目标。党的十八届五中全会进一步强调，"十三五"时期要实现"各方面制度更加成熟更加定型，国家治理体系和治理能力现代化取得重大进展，各领域基础性制度体系基本形成"。

党的十八大以来，以习近平同志为核心的党中央领导人民统筹推进"五位一体"总体布局、协调推进"四个全面"战略布局，推动中国特色社会主义制度更加完善、国家治理体系和治理能力现代化水平明显提高，为政治稳定、经济发展、文化繁荣、民族团结、人民幸福、社会安宁、国家统一提供了有力保障。党的十九届四中全会《决定》全面系统地阐述了坚持和完善中国特色社会主义制度、推进国家治理体系和治理能力现代化的重大意义、总体要求、总体目标，对坚持和完善13个方面的制度作出全面部署，既有理论上的新概括，又有实践上的新要求。新时代，坚持和发展中国特色社会主义，必须在坚持和完善中国特色社会主义制度、推进国家治理体系和治理能力现代化上下更大功夫，把我国制度优势更好地转化为国家治理效能。

我国国家制度和国家治理体系的系统集成

党的十九届四中全会《决定》深刻阐述了坚持和完善中国特色社会主义制度在各方面必须坚持的根本制度、基本制度、重要制度，是我国国家制度和国家治理体系的系统集成，对于推动各方面制度更加成熟更加定型、把我国制度优势更好转化为国家治理效能具有重大意义。

《决定》阐述了13个方面的制度，每一个方面都是一个大的领域，从总体上构成中国特色社会主义制度和国家治理体系的框架。在这13个方面中，还有许多具体制度，如社会公平正义法治保障制度、市场准入负面清单制度等。其他很多方面的内容虽然没有直接标以"制度"，但也不同程度地具有制度的性质。《决定》还提出一些体系，如党和国家机构职能体系、国家实验室体系等；还提出一些体制、体制机制，如以管资本为主的国有资产监管体制、科技伦理治理体制等；还提出一些机制，如国际宏观经济政策协调机制、诚信建设长效机制、危机干预机制等。

这么多的制度、体制、机制，标志着中国特色社会主义制度和国家治理体系进一步走向系统化、科学化、规范化，意味着改革开放以来我们在制度建设上所作的大量探索创新及其成果都纳入这种系统化、科学化、规范化的国家制度和国家治理体系之中了。我们要按照《决定》部署，以坚持和完善中国特色社会主义制度、推进国家治理体系和治理能力现代化为主轴，把制度建设和治理能力建设摆到更加突出的位置，继续深化各领域各方面体制机制改革，推动各方面制度更加成熟更加定型，推进国家治理体系和治理能力现代化。

党的十九届四中全会《决定》不仅系统集成了长期以来特别是党的十八届三中全会以来全面深化改革的理论成果、实践成果、制度成果，而且对新时代全面深化改革作出更加清晰的顶层设计，为系统集成、协同高效推进全面深化改革提供了根本遵循。

牢牢把握总体目标

坚持和完善中国特色社会主义制度、推进国家治理体系和治理能力现代化，是实现"两个一百年"奋斗目标的重大任务，是把新时代改革开放推向前进的根本要求，是应对风险挑战、赢得主动的有力保证。面向未来，我们要牢牢把握其总体目标，推动各方面制度更加成熟更加定型。

党的十九届四中全会《决定》对于坚持和完善中国特色社会主

义制度、推进国家治理体系和治理能力现代化总体目标的设定，是对标党的十九大报告提出的新时代中国特色社会主义发展的战略安排制定的。《决定》指出："坚持和完善中国特色社会主义制度、推进国家治理体系和治理能力现代化的总体目标是，到我们党成立一百年时，在各方面制度更加成熟更加定型上取得明显成效；到二〇三五年，各方面制度更加完善，基本实现国家治理体系和治理能力现代化；到新中国成立一百年时，全面实现国家治理体系和治理能力现代化，使中国特色社会主义制度更加巩固、优越性充分展现。"这就明确提出并规定了"三步走"的分阶段目标。为此，既要保持中国特色社会主义制度和国家治理体系的稳定性和延续性，又要抓紧制定国家治理体系和治理能力现代化急需的制度、满足人民对美好生活新期待必备的制度。《决定》对于每一个方面的制度建设都提出了明确要求，突出各项制度必须坚持和巩固的根本点、完善和发展的方向。只要坚决贯彻落实《决定》部署，我们必将如期实现总体目标。

坚持和完善中国特色社会主义制度、推进国家治理体系和治理能力现代化，是我们党适应时代要求作出的战略决策，体现了以习近平同志为核心的党中央高瞻远瞩的战略眼光和强烈的历史担当。只有牢牢把握、如期实现总体目标，才能推动各方面制度更加成熟更加定型，为实现"两个一百年"奋斗目标、实现中华民族伟大复兴的中国梦提供有力保证。

《人民日报》（2020年2月19日）

★ 拓展阅读

运用制度威力应对风险挑战的冲击

中华民族伟大复兴,绝不是轻轻松松、敲锣打鼓就能实现的,实现伟大梦想必须进行伟大斗争。在前进道路上我们面临的风险考验只会越来越复杂,甚至会遇到难以想象的惊涛骇浪。要打赢防范化解重大风险攻坚战,必须坚持和完善中国特色社会主义制度、推进国家治理体系和治理能力现代化,运用制度威力应对风险挑战的冲击。

面临风险挑战时要赢得主动,就要有一整套系统严密的战略和举措。在这一过程中,坚持和完善中国特色社会主义制度始终起着基础性、关键性作用。认真研究各种风险挑战发生的特点,掌握其变化演进的基本规律,并以此推动各方面制度更加科学、更加完善,我们的制度应对风险挑战冲击的威力就会越来越强。

完善制度有助于主动和有效预见风险。进行制度设计,需要树立底线思维。制定和执行制度,不能预设最理想的环境,而应尽量预见到可能发生的各种情况、各种困难、各种风险，事先制定好防范化解的措施，堵住存在的风险漏洞。一旦风险发生，就能够及时识别风险类型，及早发出预警，发挥好制度的作用。

完善制度有助于事先形成应对风险的程序。如果相关制度机制成熟，一旦风险发生，应对和化解风险的工作就可以有条不紊地按制度、按程序进行，有关部门、单位和人员都知道应该干什么、怎样干，及时采取行动、各司其职，从而最大限度地提高执行效率、减少损失。

完善制度有助于及时组织力量投入应对风险的斗争。在统一完善的制度体系中，各地各部门能够服从大局、维护大局，组成应对风险的整体；能够按照自身职责，充分发挥主观能动性。党总揽全局、协调各方的领导核心作用也能更好发挥，从而有效调动各方面的人力、物力，集中力量办大事、解危难，化危为机。

完善制度有助于国家和社会生活有序运行。风险多样是现代社会的一个特征，不同地方、不同时间可能出现各种不同风险。如果从制度上做好常态化防范和应对准备，规定好应该采取的措施和步骤，就能有效控制风险对国家和社会生活的冲击，减少风险对人民群众日常生活的影响，防止风险引发更大动荡和损失。

完善制度有助于保持和增强人民信心。遇到风险，有信心就能临危不乱，没有信心就会惊慌失措。当人民群众知道有完善的应对风险的制度时，就会更加相信党和政府能够化解这些风险，相信社会生活能够继续在正常轨道上运行，从而更加紧密地团结在党的周围，同心协力，进一步增强应对风险的力量。

防范化解重大风险，必须坚持加强制度建设和提高治理能力一起抓。制度是相对固化的，治理则需要更强适应性；制度侧重于规范本身，治理更注重规范的执行。制度优势要转化为治理效能，治理效能要建立在科学的制度基础上。制度是否成熟和优越，能否巩固和完善，归根到底要靠治理成效来说话。能否有效预见和防范风险，是治理成效的重要体现，也是制度是否具有优越性的重要体现。

当前，面对艰巨繁重的改革发展稳定任务，要强化风险意识，常观大势、常思大局，科学预见形势发展走势和隐藏其中的风险挑战，做到未雨绸缪。必须通过全面深化改革，总结实践经验，进一步坚持和完善中国特色社会主义制度，不断增强制度建设的科学性、系统性、整体性、协同性，筑牢防范和应对风险挑战的制度基础，使中国特色社会主义制度的显著优势能够在各个方面都充分发挥出来，确保及时化解各种社会矛盾，激励广大人民群众凝心聚力、同心共筑中国梦。那些直接维护国家安全、直接防范和化解风险的各项制度，既属于国家治理体系和治理能力现代化急需的制度，也属于满足人民对美好生活新期待必备的制度，尤其需要加快建立或进一步完善起来。

>> 制度自信

中国制度自主建构并合乎发展规律

建构一个国家制度的过程,既是自主组织和规范的过程,也是学习与借鉴先进制度的过程。其中,自主组织与规范是根本,只有这样,建构的制度才有根基和生命力。基于中国人的深思熟虑和自主选择,中国在告别传统制度文明后,成功塑造了有中国特色的社会主义制度文明,创造了中国发展的奇迹。

中国制度是自主构建起来的。从中国现代国家制度的结构要素来看,中国现代国家制度与中国传统社会国家制度没有直接的渊源关系,其要素主要来自西方所开启的现代制度文明体系。但从中国现代国家制度形成的历史过程看,中国现代国家制度是中国人自己建构起来的。考察中国从传统制度文明向现代制度文明转变的整个历史过程,可以看到:中国现代制度文明不是凭空而来的,是中国人经历了一次次试错性的探索和实践慢慢摸索出来的。这其中有两个历史大势起到了决定作用：一是人民成为国家的主人，即人民民主；二是保持国家转型过程的统一性，使国家实现整体的现代转型。长期以来，人们往往从前一个历史大势的作用来理解现代中国制度文明。实际上，中国现代制度文明的具体制度建构及国家组织形态，主要受后一个历史大势的影响，这就是长期保持国家的内在统一性，即在现代化转型中维系一个统一的中国。

中国制度的构建有自己的逻辑。就国家转型与现代国家建构所面临的基础和任务来看，西方面临的是如何使高度的分散性整合为内在的一体化；而中国面临的是如何使传统的大一统国家在现代化转型中延续为一体化的现代国家。仅此一点就足以决定中国的国家转型与现代制度建构，无论如何不能照搬西方的逻辑，而必须充分把握中国自己的逻辑。传统中国向现代国家转型不是内生的，而是外力作用的结果，所以中国现代制度的建构必须将现代化所要求的现代国家建设方案与中国实际有机结合起来，从中探索和把握自己的逻辑，走出中国的路。正因为中国做到了这一点，才建构起能创造中国发展奇迹的现代制度，形成强大的制度自信。可以说，尽管中国制度的构成要素不是中国传统的，但整个制度体系的建构者和制造者是中国人自己。领导中国制度建构和制造的核心力量，就是中国共产党。

中国制度的构建有自己的核心力量。在中国现代制度建构与国家建设中,中国共产党始终是核心力量。这个政党是基于承担领导革命和建设新社会、新国家而产生的政党,天然承载着两大历史使命:一是将全体民众凝聚为一个有机的集合体即人民,实现人民当家作主;二是维系国家的内在统一,保持国家整体转型与发展。这既是时代的要求,也是中国现代化发展的内在需求。它既定位了中国共产党的历史责任与时代使命,又确立了中国共产党领导在中国现代制度体系中的根本地位。作为中国现代制度建构的核心力量,中国共产党在推动中国现代制度建构的过程中,赋予中国现代制度以社会主义本质属性,从而建构出中国特色社会主义制度体系。

中国制度的构建有基础原则。纵观中国特色社会主义制度体系形成和发展的历史过程,中国共产党始终是在遵循人类文明发展规律、社会主义建设规律以及中国社会自身发展规律三者有机统一基础上进行制度建构的。由此,中国共产党形成了一些制度建构原则:一是现代化原则,将民主与法治作为中国建构现代制度的基本准绳。二是人民当家作主原则,坚持和完善保证人民掌握国家权力并有效监督立法、行政和司法的人民代表大会制度。三是维护国家统一原则,通过单一制与民族区域自治制度有机统一,保证多民族国家的内在统一与和谐。四是创造有效发展原则,不谈虚幻的民主,坚持建设能够创造社会进步与人民幸福的实实在在的民主制度,如大力推行既吸纳人民群众广泛参与又能优化国家科学决策的协商民主。五是法治化原则,强调制度是国家治理之本,加快建设社会主义法治国家。六是自主实践原则。中国共产党所建构的制度体系并不简单地从概念、价值或外来的某种模式出发,而是基于自主的实践和探索,以保障其必要的适应性和有效性。

上述六条原则不是一夜之间形成的,是中国共产党长期探索和实践的成果,既有来自对成功经验的总结,也有来自对挫折与教训的反思。正是基于这六条原则,中国共产党建构起一套具有鲜明中国特色、现代化的社会主义制度体系。中国发展的奇迹充分表明,这套制度体系不仅适合中国社会,而且能够有效保证和推动中国社会进步与发展。制度建构的主体性、制度发展的现代性、制度运行的有效性、制度规范的法治性,是中国人对自己国家制度形成充分自信的基础。

制度优势是党和国家的最大优势

曲青山

坚持和完善中国特色社会主义制度、推进国家治理体系和治理能力现代化，是习近平新时代中国特色社会主义思想的重要内容。《习近平谈治国理政》第三卷，收入党的十九大以来习近平总书记关于这方面论述的三篇重要文章，文中提出了许多新思想新观点新论断。贯通《习近平谈治国理政》第一卷至第三卷，认真学习、深刻领会习近平总书记有关重要论述，对于我们在新的历史起点上继续把新时代全面深化改革推向前进，构建系统完备、科学规范、运行高效的制度体系，充分发挥我国社会主义制度的优越性，实现"两个一百年"奋斗目标、实现中华民族伟大复兴的中国梦，具有重要意义。

必须准确把握全面深化改革的总目标

我国的改革事业怎样推进、如何深入？这是党的十八大后摆在全党全国人民面前的一项重大历史任务，也是全党全国人民面临的一个重大理论和实践课题。坚持和完善中国特色社会主义制度、推进国家治理体系和治理能力现代化，是习近平总书记对全面深化改革作出的顶层设计。在党的十八届三中全会上，习近平总书记第一次提出了"完善和发展中国特色社会主义制度，推进国家治理体系和治理能力现代化"的重大命题，并将这个命题确定为全面深化改革的总目标。这是我们党的一个重大理论创新。这个命题的提出和总目标的确定，进一步丰富了我国改革的内涵，明确了我国改革的指向，为我们把全面深化改革向纵深推进指明了正确方向。

为什么说这是一个科学顶层设计和重大理论创新呢？习近平总书记指出："党的十八届三中全会提出的全面深化改革的总目标，就是完善和发展中国特色社会主义制度、推进国家治理体系和治理能力现代化。""我们讲过很多现代化，包括农业现代化、工业现代化、科技现代化、国防现代化等，国家治理体系和治理能力现代化是第一次讲。深刻理解和准确把握这个总目标，是贯彻落实各项改革举措的关键。"可以说，这个总目标对全面深化改革来说是管总的，起着统领和目标导向作用。因此，党的十九大报告把完善和发展中国特色社会主义制度、推进国家治理体系和治理能力现代化，列为习近平新时代中国特色社会主义思想的"十个明确"之一，成为习近平新时代中国特色社会主义思想的重要组成部分。党的十九届四中全会对全面深化改革总目标进行了进一步深化和拓展，作出全面战略部署。党的十九届四中全会和党的十八届三中全会紧密联系、前后呼应，其历史逻辑一脉相承、理论逻辑相互支撑、实践逻辑环环相扣、目标指向一以贯之、重大部署接续递进。党的十九届四中全会不仅系统集成了党的十八届三中全会以来全面深化改革的理论成果、制度成果、实践成果，而且对新时代全面深化改革勾勒出更加清晰的顶层设计。全面深化改革总目标是习近平总书记关于坚持和完善中国特色社会主义制度、推进国家治理体系和治理能力现代化重要论述的思想逻辑起点，因此，全面深化改革总目标也是理解和把握习近平总书记关于坚持和完善中国特色社会主义制度、推进国家治理体系和治理能力现代化重要论述的"金钥匙"。

必须充分认识坚持和完善中国特色社会主义制度、推进国家治理体系和治理能力现代化的重大意义

习近平总书记指出："从形成更加成熟更加定型的制度看，我国社会主义实践的前半程已经走过了，前半程我们的主要历史任务是建立社会主义基本制度，并在这个基础上进行改革，现在已经有了很好的基础。后半程，我们的主要历史任务是完善和发展中国特色社会主义制度，为党和国家事业发展、为人民幸福安康、为社会和谐稳定、为国家长治久安提供一整套更完备、更稳定、更管用的制度体系。这项工程极为宏大，零敲碎打调整不行，碎片化修补也不行，必须是全面的系统的改革和改进，是各领域改革和改进的联动

和集成，在国家治理体系和治理能力现代化上形成总体效应、取得总体效果。"

在党的十九届四中全会上，习近平总书记作了《关于〈中共中央关于坚持和完善中国特色社会主义制度、推进国家治理体系和治理能力现代化若干重大问题的决定〉的说明》（以下简称《说明》）。《说明》充分阐述了坚持和完善中国特色社会主义制度、推进国家治理体系和治理能力现代化的重大意义：是实现"两个一百年"奋斗目标的重大任务，是把新时代改革开放推向前进的根本要求，是应对风险挑战、赢得主动的有力保证。之所以要这样提出问题和认识问题，是因为实现"两个一百年"奋斗目标、实现中华民族伟大复兴的中国梦，必须加快推进国家治理体系和治理能力现代化，努力形成更加成熟更加定型的中国特色社会主义制度，制度建设本身就是社会主义现代化和民族复兴的题中应有之义。只有坚持和完善中国特色社会主义制度、推进国家治理体系和治理能力现代化，才能为全面深化改革提供源源不断的强大动力，也才能为应对风险挑战、赢得主动提供重要的制度保障。这次在抗击新冠肺炎疫情斗争中，中国特色社会主义制度和国家治理体系的显著优势得到充分彰显，实践作出了最权威、最有说服力的证明。

必须正确理解完善和发展中国特色社会主义制度与推进国家治理体系和治理能力现代化的关系

准确把握全面深化改革总目标，关键的问题是要正确理解完善和发展中国特色社会主义制度与推进国家治理体系和治理能力现代化的关系。习近平总书记指出："必须完整理解和把握全面深化改革的总目标，这是两句话组成的一个整体，即完善和发展中国特色社会主义制度、推进国家治理体系和治理能力现代化。这里面有一个前一句和后一句的关系问题。前一句，规定了根本方向，我们的方向就是中国特色社会主义道路，而不是其他什么道路。也就是我经常说的，我们要坚定不移走中国特色社会主义道路，既不走封闭僵化的老路，也不走改旗易帜的邪路。后一句，规定了在根本方向指引下完善和发展中国特色社会主义制度的鲜明指向。两句话都讲，才是完整的。只讲第二句，不讲第一句，那是不完整、不全面的。"我们的改革是什么性质的改革？这是由第一句话所决定的。这是我们改革方向的根本所在。我们的改革怎么改，要达到什么样的目的和效能？第二句话提出了明确的具体要求。习近平总书记关于完善和发展中国特色社会主义制度与推进国家治理体系和治理能力现代化关系的重要论述，体现了马克思主义两点论与重点论的高度统一，给我们提供了科学的方法论，使我们党对全面深化改革总目标的认识达到了一个新高度，提高到了一个新水平。

必须正确处理国家治理体系与国家治理能力的关系

完善和发展中国特色社会主义制度与推进国家治理体系和治理能力现代化是辩证统一的关系。那么，国家治理体系与国家治理能力又是什么样的关系呢？国家治理体系、国家治理能力是全面深化改革总目标中的两个重要概念和关键词，它们之间也是辩证统一的关系。

习近平总书记强调："国家治理体系和治理能力是一个国家制度和制度执行能力的集中体现。国家治理体系是在党领导下管理国家的制度体系，包括经济、政治、文化、社会、生态文明和党的建设等各领域体制机制、法律法规安排，也就是一整套紧密相连、相互协调的国家制度；国家治理能力则是运用国家制度管理社会各方面事务的能力，包括改革发展稳定、内政外交国防、治党治国治军等各个方面。国家治理体系和治理能力是一个有机整体，相辅相成，有了好的国家治理体系才能提高治理能力，提高国家治理能力才能充分发挥国家治理体系的效能。"国家治理体系与国家治理能力两者相互制约、相互促进，单靠哪一个治理国家都不行。治理国家，制度是起根本性、全局性、长远性作用的。然而，没有有效的治理能力，再好的制度也难以发挥作用。

同时，还要看到，国家治理体系与国家治理能力虽然紧密联系，但又不是一码事，不是国家治理体系越完善，国家治理能力自然而然就越强。综观世界，各国各有其治理体系，而各国治理能力由于客观情况和主观努力的差异又有或大或小的差距，甚至同一个国家在同一种治理体系下不同历史时期的治理能力也有很大差距。正是考虑到这一点，我们必须把国家治理体系和治理能力现代化统筹谋划、同步建设、一体推进。既要重视制度的作用，也要重视人的作用；既要加强治理体系建设，也要加强治理能力建设。正确处理好国家治理体系与国家治理能力的关系，在加强制度体系建设的同时，不断提高各级领导干部的能力素质，全面增强执政本领。

必须全面认识中国特色社会主义制度和国家治理体系的鲜明特色和显著优势

中国特色社会主义制度和国家治理体系具有鲜明特色和显著优势，它们体现在哪些方面呢？习近平总书记指出："我国国家制度和国家治理体系之所以具有多方面的显著优势，很重要的一点就在于我们党在长期实践探索中，坚持把马克思主义基本原理同中国具体实际相结合，把开拓正确道路、发展科学理论、建设有效制度有机统一起来，用中国化的马克思主义、发展着的马克思主义指导国家制度和国家治理体系建设，不断深化对共产党执政规律、社会主义建设规律、人类社会发展规律的认识，及时把成功的实践经验转化为制度成果，使我国国家制度和国家治理体系既体现了科学社会主义基本原则，又具有鲜明的中国特色、民族特色、时代特色。"

我国国家制度和国家治理体系具有多方面的显著优势：坚持党的集中统一领导，坚持党的科学理论，保持政治稳定，确保国家始终沿着社会主义方向前进的显著优势；坚持人民当家作主，发展人民民主，密切联系群众，紧紧依靠人民推动国家发展的显著优势；坚持全面依法治国，建设社会主义法治国家，切实保障社会公平正义和人民权利的显著优势；坚持全国一盘棋，调动各方面积极性，集中力量办大事的显著优势；坚持各民族一律平等，铸牢中华民族共同体意识，实现共同团结奋斗、共同繁荣发展的显著优势；坚持公有制为主体、多种所有制经济共同发展和按劳分配为主体、多种分配方式并存，把社会主义制度和市场经济有机结合起来，不断解放和发展社会生产力的显著优势；坚持共同的理想信念、价值理念、道德观念，弘扬中华优秀传统文化、革命文化、社会主义先进文化，促进全体人民在思想上精神上紧紧团结在一起的显著优势；坚持以人民为中心的发展思想，不断保障和改善民生、增进人民福祉，走共同富裕道路的显著优势；坚持改革创新、与时俱进，善于自我完善、自我发展，使社会始终充满生机活力的显著优势；坚持德才兼备、选贤任能，聚天下英才而用之，培养造就更多更优秀人才的显著优势；坚持党指挥枪，确保人民军队绝对忠诚于党和人民，有力保障国家主权、安全、发展利益的显著优势；坚持"一国两制"，保持香港、澳门长期繁荣稳定，促进祖国和平统一的显著优势；坚持独立自主和对外开放相统一，积极参与全球治理，为构建人类命运共同体不断作出贡献的显著优势。始终代表最广大人民根本利益，保证人民当家作主，体现人民共同意志，维护人民合法权益，是我国国家制度和国家治理体系的本质属性，也是我国国家制度和国家治理体系有效运行、充满活力的根本所在。

中国特色社会主义制度和国家治理体系具有丰富的实践成果。中华人民共和国成立70多年来，我们党领导人民创造了世所罕见的经济快速发展奇迹和社会长期稳定奇迹，这两大奇迹是历史和实践得出的结论。可以说，在人类文明发展史上，除了中国特色社会主义制度和国家治理体系外，没有任何一种国家制度和国家治理体系能够在这样短的历史时期内创造出这样巨大的人间奇迹。

必须始终牢记坚持和完善中国特色社会主义制度、推进国家治理体系和治理能力现代化的总体目标

坚持和完善中国特色社会主义制度、推进国家治理体系和治理能力现代化如何实施，总体目标是什么？习近平总书记在党的十九大报告中擘画了宏伟蓝图，提出从 2020 年到 21 世纪中叶分两个阶段实施的战略步骤：即到 2035 年，"各方面制度更加完善，国家治理体系和治理能力现代化基本实现"；到 21 世纪中叶，"实现国家治理体系和治理能力现代化"。党的十九届四中全会对标对表党的十九大的战略部署，根据事业发展和实践需要，进一步完善了总体目标，提出："到我们党成立一百年时，在各方面制度更加成熟更加定型上取得明显成效；到二〇三五年，各方面制度更加完善，基本实现国家治理体系和治理能力现代化；到新中国成立一百年时，全面实现国家治理体系和治理能力现代化，使中国特色社会主义制度更加巩固、优越性充分展现。"这是我们党完整系统提出的国家治理体系和治理能力现代化分"三步走"的总体目标，充分反映了以习近平同志为核心的党中央立足新时代的历史方位，从实际出发，在实现社会主义现代化和中华民族伟大复兴中国梦中，对坚持和完善中国特色社会主义制度、推进国家治理体系和治理能力现代化所作的战略安排。

习近平总书记指出："制度优势是一个政党、一个国家的最大优

势。"只要我们认真学习贯彻习近平新时代中国特色社会主义思想,按照党的十九大和十九届四中全会擘画的宏伟蓝图和作出的战略部署奋发努力,不断推进我国国家制度和国家治理体系建设,我们的目标就一定能实现,我们的目的就一定会达到。

《人民日报》(2020年8月17日)

★ 拓展阅读

制度优势在抗击疫情中的力量彰显

突如其来的新冠肺炎疫情在全球暴发并迅速蔓延,对全世界是一次严重危机和严峻考验。中国用一个多月的时间初步遏制了疫情蔓延势头,用三个月左右的时间取得了武汉保卫战、湖北保卫战的决定性成果,疫情防控阻击战取得重大战略成果。而同时,一些西方国家特别是美国的疫情还在不断扩散蔓延,确诊病例数和死亡人数每天刷新、不断攀升。中国同一些西方国家特别是美国的抗疫形成了鲜明对比和巨大反差。由此,我们可以得出什么认识?

关键作用:领导力量的彰显。在这次抗击疫情中,我们看到了我国制度优势中领导力量所起的关键作用。这个领导力量是什么?就是作为执政党的中国共产党坚强有力的集中统一领导。党的领导是根本保证,这是在中国革命、建设、改革各个历史时期,不断被历史和实践反复证明了的一个真理。这个真理在这次抗击疫情斗争中又一次得到新的验证。

这次新冠肺炎疫情,是中华人民共和国成立以来我国遭遇的传播速度最快、感染范围最广、防控难度最大的一次重大突发公共卫生事件。面对疫情的严峻挑战,以习近平同志为核心的党中央,审时度势、综合研判,沉着冷静、从容应对。及时决定成立中央应对疫情工作领导小组,派出中央指导组,要求国务院联防联控机制发挥协调作用,对抗击疫情作出一系列重大战略部署。中国特色社会主义最本质的特征是中国共产党领导,中国特色社会主义制度的最大优势是中国共产党领导。党政军民学,东西南北中,党是领导一切的。正是由于党的坚强领导,统一指挥、统一协调、统一调度,全国抗击疫情各项工作主攻方向明确、工作重点突出,形成了全面动员、全面部署、全面加强疫情防控的战略格局。我国抗击疫情的果断决策和强有力领导,与美国等一些西方国家的决策混乱、措施不力,形成强烈对比。抗击疫情的特殊实践,使我们深刻认识到中国共产党驾驭复杂局面、应对风险挑战的强大能力。

引领作用:思想力量的彰显。在这次抗击疫情中,我们看到了我国制度优势中思想力量所起的引领作用。这个思想力量是什么?就是党的创新理论的科学指引。疫情发生后,习近平总书记亲自指挥、亲自部署,发表一系列重要讲话,作出一系列重要指示批示。这些重要讲话和重要指示批示,为抗击疫情提供了根本遵循。

思想是行动的先导,理论是实践的指南。我国抗击疫情工作是在科学思想指导下进行的,抗击疫情所取得的成效是思想引领的结果。习近平总书记在抗击疫情一开始,就强调"把人民群众生命安全和身体健康放在第一位,把疫情防控工作作为当前最重要的工作来抓",及时提出坚定信心、同舟共济、科学防治、精准施策的总要求;确定坚决遏制疫情蔓延势头、坚决打赢疫情防控阻击战的总目标;明确疫情防控的"战略战术"是人民战争、总体战、阻击战;明确湖北和武汉是全国的主战场、疫情防控的重中之重,是打赢疫情防控阻击战的决胜之地,武汉胜则湖北胜,湖北胜则全国胜,坚决打好湖北保卫战、武汉保卫战;提出不同地区不同阶段"内防扩散、外防输出"和"外防输入、内防反弹"的明确要求;强调紧紧扭住城乡社区防控和患者救治两个关键,切实提高收治率和治愈率、降低感染率和病亡率;提出用法治思维和法治方式开展工作;强调要努力把疫情影响降到最低程度,统筹推进疫情防控和经济社会发展,保持经济平稳运行和社会和谐稳定;提出让党旗在疫情防控斗争第一线高高飘扬;提出领导干部要增强忧患意识,提高工作本领;提出要坚决反对形式主义、官僚主义,让基层干部把更多精力投入到疫情防控第一线;确定积极争取国际社会支持,广泛开展对外合作交流,提供力所能及的对外援助;提出有效开展国际联防联控,积极支持国际组织发挥作用,坚决打好疫情防控全球阻击战;等等。习近平总书记关于应对新冠肺炎疫情的一系列重要论述,给了我们方向和方法,也给了我们信心和力量。它来自实践,又指导着实践,是我们战胜新冠肺炎疫情的强大思想武器。

基础作用:国家力量的彰显。在这次抗击疫情中,我们看到了我国制度优势中国家力量所起的基础作用。这个国家力量是什么?就是全国一盘棋,集中力量办大事,举国一致,行动高效。我国制度的这个优势,是由我国的社会性质和国家政权的组织形式所决定的。这个优势表现在速度、规模、质量和效益上。在综合国力弱的时候，这个优势能够显现出来；在综合国力强的时候，这个优势更能凸显出来。

新冠肺炎疫情发生后，全国优势科研力量集中攻关，"用创纪录短的时间甄别出病原体"。在武汉10天建成1000张床位的火神山医院，12天建成1600张床位的雷神山医院，并将各种配套设施、医疗设备及时调配到位。还先后建立16家方舱医院，床位达到1.4万余张，创造了人类防疫建设史上的奇迹。中央决定全国支援湖北和武汉，建立了19个省份对口支援湖北除武汉以外的16个市州及县级市的机制。在一个多月的时间里，全国各地和军队的援鄂人员迅速集结，346支医疗队、4.26万名医务人员以及6.5万余件医疗设备从四面八方汇聚武汉、驰援湖北各地。疫情初期，口罩和防护服等医疗物资短缺，在中央的统一协调下，全面启动医疗物资生产企业复工复产，中央企业充分发挥国家队作用，以战时状态全力加快转产扩产、多产快产。为激励湖北一线的医务人员包括援湖北医疗队医务人员，国家迅速作出规定，将临时性工作补助的标准提高一倍，薪酬水平提高两倍，扩大卫生防疫津贴发放范围。对国内确诊患者的医疗费用按有关规定支付后，个人负担部分由财政给予补助。所有这一切都是建立在国家力量基础之上的。举国体制只有中国才能够做得到、做得好。中国速度、中国规模、中国效率、中国力量再次震撼世界。

决定作用：人民力量的彰显。在这次抗击疫情中，我们看到了我国制度优势中人民力量所起的决定作用。这个人民力量是什么？

就是全国上下一条心，群防群治，打一场人民战争。人民是历史的创造者，是社会变革的决定性力量，这是马克思主义唯物史观的基本观点。在革命、建设、改革各个历史时期，我们党始终坚持从人民利益出发，紧紧依靠人民不断取得胜利。这次抗击疫情打的是一场"没有硝烟"的人民战争。人民战争人民参与，人民战争依靠人民，人民群众是战争的主体。

"抗疫战争"打响后，党中央一声号令，从城市到乡村，从公共场所到居民小区，14亿多中国人民全面动员、全民参战。这次抗击疫情的决战地和主战场在湖北和武汉。为阻断新冠病毒向全国蔓延扩散，党中央果断要求湖北省对人员外流实施全面严格管控。这是一个需要付出巨大代价和牺牲的决定。湖北人民、武汉人民响应号召、顾全大局，开启了长达两个多月的居家隔离。在湖北人民、武汉人民的背后，站立的是全国亿万人民。全国人民除了给予湖北人民、武汉人民以最大的支持外，按照党中央的部署和各级党委、政府的要求，自觉听从疫情防控安排，行动起来、组织起来、凝聚起来，从自己做起、从点滴做起，全面落实联防联控措施，共同筑起了一道道群防群控的严密防线。湖北人民、武汉人民为阻断疫情蔓延作出了最大努力、付出了巨大牺牲，中国人民为全球团结合作战胜疫情作出了最大努力、付出了巨大代价。在抗击疫情斗争中，广大医务工作者逆行出征、日夜奋战，人民解放军指战员闻令而动、敢打硬仗，广大公安干警、疾控工作人员、社区工作人员坚守岗位、日夜值守，广大新闻工作者不畏艰险、深入一线，广大企业职工加班加点、扩大生产，交通运输人员争分夺秒、抢运物资，广大志愿者真诚奉献、不辞辛苦。各条战线、各个领域、各个部门的工作者劳动者，都立足本职岗位为疫情防控作出了贡献，有的还献出了宝贵的生命。习近平总书记深情地说："武汉人民不愧为英雄的人民。""战胜这次疫情，给我们力量和信心的是中国人民。"人民是真正的英雄。

  激励作用：道德力量的彰显。在这次抗击疫情中，我们看到了我国制度优势中道德力量所起的激励作用。这个道德力量是什么？就是中华传统美德的大力弘扬和社会主义核心价值观的积极践行。中华传统美德和社会主义核心价值观蕴涵着爱国主义精神和集体主义原则。文化是一个民族的标识，精神是一个民族流淌在血液中的基因。中华传统美德倡导"一方有难、八方支援""救死扶伤、医者仁心""同舟共济、守望相助""患难与共、共克时艰""大爱无疆、团结协作""滴水之恩、涌泉相报"等。社会主义核心价值观对公民的道德要求是"爱国、敬业、诚信、友善"。这些内容在这次抗击疫情中得到大力弘扬和充分展现。

  在抗击疫情中，举国上下齐发动、齐动员。广大党员踊跃捐款，社会各界纷纷捐款捐物。疫情无国界，病毒是人类的共同敌人。我国在抗击疫情中得到了国际社会的积极帮助，我们也向疫情扩散的国家和地区提供力所能及的援助和支持。这一切都是建立在我们的道德观、价值观基础上的，凸显了中国道德力量的巨大魅力。

  在这次抗击疫情中，我们还看到了我国制度优势中法治力量所起的保障作用、科学技术力量所起的支撑作用。法治体现和反映防疫抗疫中我们国家和人民的意志，科学技术展示和显现防疫抗疫中我国科技进步和创新的巨大威力。此外，毋庸讳言，在这次抗击疫情中，也暴露出我国在重大疫情防控体制机制、公共卫生应急管理体系等方面存在的短板和弱项。习近平总书记强调，要"针对这次疫情暴露出来的短板和不足，抓紧补短板、堵漏洞、强弱项，该坚持的坚持，该完善的完善，该建立的建立，该落实的落实"。我们要按照习近平总书记的要求，保持清醒头脑，在推进国家治理体系和治理能力现代化进程中，进一步明确应该坚持和巩固什么、完善和发展什么，从而不断把我国制度优势转化为治理效能。

大疫带来大考，大考引发思考。制度优势是一个政党、一个国家的最大优势。制度自信来自于对历史经验的深刻总结，也来自于对现实问题的深入思考。我们总结和思考得出的结论是：符合中国实际、具有中国特色、体现中国人民意愿的中国制度，是世界上最有前途、最有效率、最有生命力、最可靠、最管用、最能给中国人民带来福祉和利益的好制度。对此，我们坚信不疑，深信不疑。

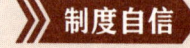 制度自信

制度的生命力在于执行

习近平总书记指出:"要强化制度执行力。加强制度执行的监督,切实把我国制度优势转化为治理效能。"我国国家治理体系和治理能力是中国特色社会主义制度及其执行能力的集中体现。坚持和完善中国特色社会主义制度、推进国家治理体系和治理能力现代化,不仅要建立完善的制度体系,而且要在不断提高制度执行力上狠下功夫。

切实强化制度意识,深刻认识提高制度执行力的必要性和重要性。党的十八大以来,以习近平同志为核心的党中央在制度建设方面取得重大进展,在制度执行力方面也有显著提高。同时要看到,目前在实践过程中,一些领域还或多或少存在着制度执行力不足的问题,这已经成为影响治理效能的"短板"。

制度一经制定,就要严格执行。再好的制度,如果不抓落

实,只是写在纸上、贴在墙上、锁在抽屉里,就会形同虚设,其效果也会大打折扣。我们要切实增强按制度办事、依法办事意识,自觉维护制度的刚性约束力,坚决防止制度成为"稻草人""橡皮筋"。善于运用制度治理国家,更好地把国家制度优势转化为国家治理效能,不断提高科学执政、民主执政、依法执政水平。

带头维护制度权威,做制度执行的表率。习近平总书记指出:"各级党委和政府以及领导干部要增强制度意识,善于在制度的轨道上推进各项事业。广大党员、干部要做制度执行的表率,引领全社会增强制度意识,自觉维护制度权威。"提高制度执行力,离不开各级党委和政府以及领导干部的率先垂范。领导干部在党和国家事业发展中具有重要地位,要以身作则、率先垂范,发挥先锋模范作用,给广大党员干部树立标杆、作出示范、当好表率。

坚持制度面前人人平等、执行制度没有例外,不留"暗门"、不开"天窗",防止"破窗效应"。坚持高标准、严要求,要求党员干部做到的,领导干部必须首先做到;要求下级做到的,上级必须首先做到;要求别人做到的,自己必须首先做到。要增强斗争精神,坚持原则、敢抓敢管,坚决同一切违反制度的现象作斗争,带动全党全社会自觉尊崇制度、严格执行制度、坚决维护制度。

加强对制度执行的监督,坚决杜绝做选择、搞变通、打折扣的现象。严格监督是保证制度不折不扣贯彻执行的关键。要健全权威高效的制度执行机制,明确各项制度执行的主体责任、监督责任、领导责任,形成制度执行强大推动力。加强对制度执行的监督,把监督检查、目标考核、责任追究有机结合起来,坚持有责必问、问责必严。坚决纠正有令不行、有禁不止现象,对把制度当摆设、破坏制度、违法违规违纪的,都要严肃查处,确保各项制度落地生根。

抗疫斗争彰显中国制度优势

房 宁

新冠肺炎疫情是百年来全球发生的最严重的传染病大流行,给世界各国经济社会发展造成严重冲击,也考验着各国的国家治理。面对突如其来的严重疫情,我们党团结带领全国各族人民,在过去8个多月时间里,进行了一场惊心动魄的抗疫大战,经受了一场艰苦卓绝的历史大考,付出巨大努力,取得抗击新冠肺炎疫情斗争重大战略成果,创造了人类同疾病斗争史上又一个英勇壮举。习近平总书记指出:"抗击新冠肺炎疫情斗争取得重大战略成果,充分展现了中国共产党领导和我国社会主义制度的显著优势"。

抗疫斗争充分展现我们党无比坚强的领导力

中国共产党领导是中国特色社会主义制度的最大优势,中国共产党的领导力集中体现中国特色社会主义制度的优越性。习近平总书记指出:"中国共产党来自人民、植根人民,始终坚持一切为了人民、一切依靠人民,得到了最广大人民衷心拥护和坚定支持,这是中国共产党领导力和执政力的广大而深厚的基础。"在长期的革命、建设、改革中,我们党正是依靠人民形成无比坚强的领导力。历史和现实反复证明,我们党所具有的无比坚强的领导力,是风雨来袭时中国人民最可靠的主心骨。这次抗疫斗争,再一次充分展现了我们党无比坚强的领导力。

我们党无比坚强的领导力,体现为党中央统揽全局、果断决策,以非常之举应对非常之事。新冠肺炎病毒是一种新病毒,抗击新冠肺炎疫情是一场前所未有的大考,没有现成答案可以参考。面对突如其来的严重疫情,以习近平同志为核心的党中央统揽全局、果断决策。我们党坚持把人民生命安全和身体健康放在第一位,实施集中统一领导,中央政治局常委会、中央政治局召开21次会议研究决策,领导组织党政军民学、东西南北中大会战,提出坚定信心、同舟共济、科学防治、精准施策的总要求,明确坚决遏制疫情蔓延势头、坚决打赢疫情防控阻击战的总目标,周密部署武汉保卫战、湖北保卫战,因时因势制定重大战略策略。我们党成立中央应对疫情工作领导小组,派出中央指导组,建立国务院联防联控机制,并提出早发现、早报告、早隔离、早治疗的防控要求,确定集中患者、集中专家、集中资源、集中救治的救治要求,把提高收治率和治愈率、降低感染率和病亡率作为突出任务来抓。回望这场惊心动魄的抗疫大战,果断关闭离汉离鄂通道,实施史无前例的严格管控,无疑是危急关头最重要的决策。作出这一决策，需要巨大的政治勇气，需要果敢的历史担当。以习近平同志为核心的党中央果断作出这一决策，以非常之举应对非常之事。正是在党中央的坚强领导下，全国迅速形成统一指挥、全面部署、立体防控的战略布局，有效遏制了疫情大面积蔓延，有力改变了病毒传播的危险进程，最大限度保护了人民生命安全和身体健康。

一个政党面对重大风险挑战时的表现，最能检验其领导力。我们党在抗疫大战中所发挥的坚强领导核心作用，充分展现了党无比坚强的领导力，充分发挥了中国特色社会主义制度的最大优势。只要毫不动摇坚持和加强党的全面领导，不断增强党的政治领导力、思想引领力、群众组织力、社会号召力，永远保持党同人民群众的血肉联系，我们就一定能够形成强大合力，从容应对各种复杂局面和风险挑战。

抗疫斗争充分展现中国制度的优越性

习近平总书记指出："衡量一个国家的制度是否成功、是否优越，一个重要方面就是看其在重大风险挑战面前，能不能号令四面、组织八方共同应对。"中国特色社会主义制度充分体现了以人民为中心的发展思想，能够有效体现人民意志、保障人民权益、激发人民创造力，凝聚起同心同德、奋勇前行的磅礴力量。在这次抗疫斗争中，中国特色社会主义制度展现出非凡的组织动员能力、统筹协调能力、贯彻执行能力，发挥出集中力量办大事、办难事、办急事的独特优势，有力彰显了我国国家制度和国家治理体系的优越性。

非凡的组织动员能力。抗击新冠肺炎疫情是一场艰苦卓绝的历史大考，要经受住这场历史大考，必须广泛动员各方面力量。在党中央的坚强领导下，我们充分发挥制度优势，迅速组织动员起各方面的力量。各行各业都自觉扛起责任，国有企业、公立医院勇挑重担，460多万个基层党组织冲锋陷阵，400多万名社区工作者在全国65万个城乡社区日夜值守，各类民营企业、民办医院、慈善机构、养老院、福利院等积极出力，广大党员、干部带头拼搏，数百万快递员冒疫奔忙，180万名环卫工人起早贪黑，千千万万志愿者和普通人默默奉献。依靠非凡的组织动员能力，我们在很短的时间内把数量庞大、构成多元的社会群体团结凝聚起来，使全国人民心往一处想、劲往一处使，形成万众一心、同甘共苦的团结伟力。

非凡的统筹协调能力。中国是有着14亿人口的大国，有效防控新冠肺炎疫情这一百年来全球发生的最严重的传染病大流行，是一项非常艰巨复杂的任务，各项工作千头万绪、各方面关系都要协调。在党中央的坚强领导下，19个省区市对口帮扶湖北除武汉以外的16个市州，最优秀的人员、最急需的资源、最先进的设备千里驰援，在最短时间内实现了医疗资源和物资供应从紧缺向动态平衡的跨越式提升。在抗疫形势最严峻的时候，经济社会发展不少方面一度按下"暂停键"，但群众生活没有受到太大影响，社会秩序总体正常。我们党准确把握疫情形势变化，立足全局、着眼大局，及时作出统筹疫情防控和经济社会发展的重大决策，坚持依法防控、科学防控，推动落实分区分级精准复工复产，最大限度保障人民生产生活。各项工作有条不紊全面展开，展现了我国社会主义制度非凡的统筹协调能力。

非凡的贯彻执行能力。在这次抗疫斗争中，我们不仅采取了正确的防控措施，更展现了我国社会主义制度非凡的贯彻执行能力。各级党组织和广大党员、干部坚决贯彻以习近平同志为核心的党中央的决策部署，牢记人民利益高于一切，全面落实"坚定信心、同舟共济、科学防治、精准施策"总要求，在大战中践行初心使命，在大考中交出合格答卷。54万名湖北省和武汉市医务人员同病毒短兵相接，率先打响了疫情防控遭遇战。346支国家医疗队、4万多名医务人员毅然奔赴前线，很多人在万家团圆的除夕之夜踏上征程。人民军队医务人员牢记我军宗旨，视疫情为命令，召之即来，来之能战，战之能胜。我们用10多天时间先后建成火神山医院和雷神山医院，大规模改建16座方舱医院，迅速开辟600多个集中隔离点。我们注重科研攻关和临床救治、防控实践相协同，第一时间研发出核酸检测试剂盒，加快有效药物筛选和疫苗研发，充分发挥科技对疫情防控的支撑作用。各地区各部门认真贯彻执行党中央统筹推进疫情防控和经济社会发展的工作部署，各级党委和政府积极作为、主动担责。依靠非凡的贯彻执行能力，我们不仅最大限度地保护了人民生命安全和身体健康，我国也成为疫情发生以来第一个恢复增长的主要经济体。

不断发挥中国制度的显著优势

抗击新冠肺炎疫情这场严峻的斗争深刻启示我们，发展环境越是严峻复杂，越要坚定不移深化改革，健全各方面制度，推进国家治理体系和治理能力现代化，不断把我国制度优势转化为治理效能。针对这次疫情暴露出来的短板和不足，我们坚持推动中国特色社会主义制度自我完善和发展，做到该坚持的坚持、该完善的完善、该建立的建立、该落实的落实，努力提高面向未来的"答卷能力"。

当前，世界百年未有之大变局加速演进，国内改革发展稳定任务艰巨繁重。我们要把思想和行动统一到习近平总书记重要讲话、重要指示精神和党中央决策部署上来，加快补齐治理体系的短板弱项，为保障人民生命安全和身体健康夯实制度基础。抓紧补短板、堵漏洞、强弱项，加快完善各方面体制机制，着力提高应对重大突发公共卫生事件的能力和水平。构筑强大的公共卫生体系，完善疾病预防控制体系，建设平战结合的重大疫情防控救治体系，强化公共卫生法治保障和科技支撑，提升应急物资储备和保障能力，夯实联防联控、群防群控的基层基础。完善城市治理体系和城乡基层治理体系，树立全周期的城市健康管理理念，增强社会治理总体效能。重视生物安全风险，提升国家生物安全防御能力。在前进征程上，我们要始终坚持改革创新、与时俱进，善于自我完善、自我发展，使社会始终充满生机活力，使中国特色社会主义制度更加巩固、优越性充分展现。

习近平总书记指出："抗疫斗争伟大实践再次证明，中国特色社会主义制度所具有的显著优势，是抵御风险挑战、提高国家治理效能的根本保证。"只要我们坚持和完善中国特色社会主义制度，推进国家治理体系和治理能力现代化，善于运用制度力量应对风险挑战冲击，我们就一定能够经受住一次次考验，不断化危为机，实现决胜全面建成小康社会、决战脱贫攻坚目标任务，在全面建设社会主义现代化国家的新征程上创造新的历史伟业。

《人民日报》（2020年9月17日）

★ 拓展阅读

具有显著优势的先进制度

在国际金融危机肆虐全球,世界各国经济普遍低迷的情况下,中国经济何以能够"风景这边独好"?在全球性问题日益凸显而世人纠结于不同制度选择时,为何中国特色社会主义制度能够"一枝独秀",赢得不同国家有识之士的赞许?这是因为,中国特色社会主义制度是当代中国发展进步的根本制度保障,是具有鲜明中国特色、明显制度优势、强大自我完善能力的先进制度。那么,到底该如何认识和看待我国社会主义制度的优越性和先进性呢?

从人类社会发展规律的高度,把握中国特色社会主义制度的先进性。迄今为止,人类社会经历了原始社会、奴隶社会、封建社会、资本主义社会和社会主义社会几大制度形态,这几大制度形态的依次更替,体现了人类社会从低级到高级发展的历史规律。从这个意义上说,社会主义制度的建立是人类社会合规律、合目的的一种必然结果。中国特色社会主义制度是中国共产党领导中国人民在马克思主义的指导下，遵循人类社会发展规律，从中国具体国情出发，经过100多年艰难曲折的持续探索形成和发展起来的。人民民主专政的国体，人民代表大会的根本政治制度，公有制为主体、多种所有制经济共同发展的基本经济制度，包括共产党领导的多党合作与政治协商制度、民族区域自治制度、基层群众自治制度在内的基本政治制度，都是基于中国特定历史现实而形成的。它不仅是历史和人民的选择，更是中国人民自觉遵循历史发展规律的结果。中国特色社会主义制度在中国的建立显示出了巨大的优越性和先进性。

以实现好、维护好、发展好最广大人民的根本利益为目标，赢得了人民的支持和认可。视人民群众为真正的英雄，充分尊重人民群众的主体地位，紧紧依靠人民群众建立起这一制度，从而使中国彻底结束了100多年来受压迫、受奴役、受侵略的黑暗历史，彻底结束了旧中国四分五裂、民不聊生的黑暗历史，彻底结束了在中国绵延几千年的封建专制统治的黑暗历史，实现了中国从几千年封建专制政治向人民民主的伟大飞跃，体现了人民当家作主的本质要求，彰显了社会主义制度的价值追求。

遵循生产关系适应生产力发展要求这一人类社会发展规律，促进了社会生产力的快速发展。这一制度从中国具体国情出发，通过革命、建设和改革不断促进生产力的发展，从而使一个"一穷二白"经济文化落后的国家，变成了一个繁荣昌盛、充满生机活力的社会主义国家，使具有500年历史的社会主义主张在世界上人口最多的国家成功开辟出具有高度现实性和可行性的正确道路，让科学社会主义在21世纪焕发出新的蓬勃生机。

能够处理好各种复杂关系，实现比以往阶级社会更高的社会和谐。这一制度安排，能够有效保证人民享有更加广泛、更加充实的权利和自由，保证人民广泛参加国家治理和社会治理；能够有效调节国家政治关系，发展充满活力的政党关系、民族关系、宗教关系、阶层关系、海内外同胞关系，增强民族凝聚力，形成安定团结的政治局面；能够把全国各族人民的智慧和力量最大限度凝聚起来，有效促进社会生产力解放和发展，促进现代化建设各项事业，促进人民生活质量和水平不断提高；能够有效维护国家独立自主，有力维护国家主权、安全、发展利益，维护中国人民和中华民族的福祉。

顺应时代发展的潮流，具有强大的自我完善能力。邓小平同志说过："我们的制度将一天天完善起来，它将吸收我们可以从世界各国吸收的进步因素，成为世界上最好的制度。"这一制度具有强大的包容性和强大的学习吸收能力，它将人类对于未来美好生活的向往、人类制度文明建设的积极成果、中国5000多年优秀文明成果的精华、中国2000多年治国理政的宝贵经验凝聚到中国特色社会主义制度之中。它善于对不适应经济社会发展的制度及时进行改革，对时代进步带来的新挑战进行及时回应。因此，它为当代中国发展进步提供了根本制度保障，从而使中国赶上了时代，实现了中国人民从站起来、富起来到强起来的伟大飞跃。

从社会主义发展的实践进程中，认识中国特色社会主义制度的先进性。马克思主义经典作家曾针对资本主义制度的弊端，设想了未来理想社会的宏伟蓝图，论述过社会主义制度的比较优势。经典作家由于受他们那个时代历史条件的限制，不可能对未来社会主义的发展道路和具体形式作出详尽的说明。例如，马克思和恩格斯所设想的社会主义社会，生产资料完全由社会直接占有，没有商品，没有货币。如果用马克思当初的这些设想作为衡量我国现实的社会主义制度优越性的标准，那就严重脱离了中国实际，就会犯教条主义的错误。中国特色社会主义作为世界社会主义运动的结晶，作为科学社会主义的中国版，其优越性和先进性必须放在世界社会主义的实践进程中考察，放在我国社会主义制度的实践中去检验。

马克思、恩格斯曾设想，社会主义首先在发达资本主义国家建立。但现实社会主义并未像他们设想的那样首先在西方发达国家率先建立，而是建立在经济文化落后的基础之上。社会主义制度在中国建立后，由于我们对如何走适合中国国情的社会主义道路还缺少规律性认识，加上中华人民共和国成立初期严峻复杂的国际环境的影响，我们党在探索社会主义道路的过程中，也遭受过严重的挫折和失误。在对社会主义建设规律的认识上，我们曾错误地以为，公有化程度越高越好，个人消费品的分配越平均越好，这些"原则"曾被当作社会主义优越性的"标志"。结果这些"标志"严重脱离了中国实际，违背了生产关系要适应生产力发展的规律。

党的十一届三中全会后，我们党从现实国情出发，认真总结我国社会主义建设的历史经验，充分吸取国内外制度创新的积极成果，在改革开放的伟大实践中不断进行制度创新，逐步完善了我国的社会主义制度，从而使中国特色社会主义制度的先进性和"强大自我完善能力"得以充分展现。比如，实行公有制为主体、多种所有制经济共同发展的基本经济制度之所以能够进一步解放和发展生产力，促进综合国力的迅速提高,就是因为这一制度是我们党根据我国的社会主义性质和初级阶段的国情决定的,是我们在切实体验了过去"一大二公三纯"、公有制一统天下这种脱离中国实际的所有制弊端之后作出的选择。再如,中国之所以不搞西方的多党制、两党制,而是建立了独具中国特色的中国共产党领导的多党合作与政治协商制度,是因为这一制度切合了中国历史和当代中国国情,具有西方政党制度难以比拟的制度优势;是因为中国共产党遵循执政党建设规律,在长期奋斗中形成了独特理论优势、政治优势、组织优势、制度优势和密切联系群众的优势。

中国特色社会主义制度不是从天上掉下来的,而是党和人民历尽千辛万苦、付出各种代价取得的根本成就。这一制度是不是好,要看事实,要看中国人民的判断。习近平总书记指出:"中国特色社会主义制度的生命力,就在于这一制度是在中国的社会土壤中生长起来的,是适合中国国情、具有鲜明中国特色的制度安排。"正因如此,我们必须坚定中国特色社会主义制度自信。

用发展和动态的眼光,看待中国特色社会主义制度的先进性。社会主义作为人类文明发展的一个新阶段,是人类社会不断进步的必然产物。社会主义制度一经形成,便具有相对的稳定性,但并不是就凝固不变了。在马克思主义经典作家那里,社会主义制度的优越性是科学的预测,是一种应然状态。而现实社会主义制度的优越性在实践中的体现才是实然状态。社会主义制度作为一个活的有机体,其本身是开放、发展、不断与时俱进的,在这一制度的不同发展阶段,整个经济制度和政治制度成熟的程度不同,因而其优越性的特点、形式和体现的程度也不同。因此，社会主义制度优越性从"应然"到"实然"必然要经历若干不同的历史发展阶段。

中国正处于并将长期处于社会主义的初级阶段，因此，对社会主义优越性的期望，起点也不能一下子太高。如果我们缺乏历史的眼光，采取超越阶段的做法，把在以后阶段才能实现的优越性，当作现阶段的优越性，把将来才能办到的事情，硬要拿到现在来办，其结果只能适得其反，欲速则不达。比如说，让广大人民群众共享改革发展成果，实现共同富裕，是社会主义的本质要求，是社会主义制度优越性和先进性的集中体现。但实现这个目标需要一个漫长的历史过程，既不能超越阶段瞎作为，也不能忘记初衷不作为。只有通过全面深化改革，加强顶层设计，作出更有效的制度安排，根据现有条件把能做的事情尽量做起来，积小胜为大胜，才能使全体人民朝着共同富裕方向稳步前进。因此，我们不仅应该把社会主义初级阶段看作是一个发展的过程、探索的过程，也应该把这一阶段看成是中国特色社会主义制度逐步完善和定型化的过程。

中国特色社会主义制度形成发展的历史证明，这一制度是特色鲜明、富有效率的，但还不是尽善尽美、成熟定型的。中国特色社会主义事业不断发展，中国特色社会主义制度也需要不断完善。邓小平同志1992年在视察南方重要谈话中指出："恐怕再有三十年的时间，我们才会在各方面形成一整套更加成熟、更加定型的制度。"党的十八大强调，要把制度建设摆在突出位置，充分发挥我国社会主义制度优越性。党的十八大之后，习近平总书记强调："我们要坚持以实践基础上的理论创新推动制度创新，坚持和完善现有制度，从实际出发,及时制定一些新的制度,构建系统完备、科学规范、运行有效的制度体系,使各方面制度更加成熟更加定型,为夺取中国特色社会主义新胜利提供更加有效的制度保障。"党的十八届三中全会进一步明确:"全面深化改革的总目标是完善和发展中国特色社会主义制度,推进国家治理体系和治理能力现代化。"在庆祝中国共产党成立95周年大会上的讲话中,习近平总书记指出:"我们要把完善和发展中国特色社会主义制度、推进国家治理体系和治理能力现代化作为全面深化改革的总目标,勇于推进理论创新、实践创新、制度创新以及其他各方面创新,让制度更加成熟定型,让发展更有质量,让治理更有水平,让人民更有获得感。"党的十九届四全会审议通过《中共中央关于坚持和完善中国特色社会主义制度、推进国家治理体系和治理能力现代化若干重大问题的决定》。所有这一切均表明,全面深化改革,是坚持和完善中国特色社会主义制度、推进国家治理体系和治理能力现代化的需要,也是进一步彰显中国特色社会主义制度和国家治理体系显著优势的需要。